글 서지원

한양대학교를 졸업하고 《문학과 비평》에 소설로 등단해, 지식과 교양을 유쾌한 입담과 기발한 상상력으로 전하는 이야기꾼입니다. 지식 탐구 능력과 창의적인 문제 해결 능력을 스토리텔링으로 풀어낸 책 250여 종 중에서 중국, 대만 등에 수십 종의 스토리텔링 책이 수출되었고, 서울시 올해의 책, 원주시 올해의 책, 문화체육관광부와 한국도서관협회가 뽑은 2012 우수문학도서 등에 선정되었습니다. 2009 개정 초등 국정 교과서와 고등 모델 교과서를 집필했고, 초등학교 4학년 2학기 국어 교과서에 동화가 수록되었습니다. 쓴 책으로는 《마지막 수학전사 1~5》《몹시도 수상쩍은 과학교실 1, 2, 3》《빨간 내복의 초능력자 1~5》 《즐깨감 수학일기》《즐깨감 과학일기》《수학 도깨비》《소원 들어주는 음식점》 등이 있습니다.

그림 임대환

대학교에서 디자인을 전공하고 캐릭터, 애니메이션, 게임 회사에서 일했으며 현재 프리랜서 일러스트레이터로 그림책 작업을 하고 있습니다. 그린 책으로 《마지막 수학전사 1~5》《닮고 싶은 창의 융합 인재 4 세종대왕》《Monsters at Work》《The Rainbow Story》《Mike's mess》와 창작그림책 《콩》《Sun, wind, clouds, rain》 등이 있습니다.
www.limbook.com

감수 와이즈만 영재교육연구소

창의 영재수학과 창의 영재과학 교재 및 프로그램을 개발했습니다. 구성주의 이론에 입각한 교수학습 이론과 창의성 이론 및 선진 교육 이론 연구 등에도 전념하고 있습니다. 국내 최고의 사설 영재교육 기관인 와이즈만 영재교육에 교육 콘텐츠를 제공하고 교사 교육을 담당하고 있습니다.

마지막 수학 전사

와이즈만 수학동화

마지막 수학전사
❶ 이집트 신들의 문제를 풀다

1판 1쇄 발행 2015년 2월 10일
1판 7쇄 발행 2023년 6월 1일

서지원 글 | 임대환 **그림** | 와이즈만 영재교육연구소 **감수**

발행처 와이즈만 BOOKs
발행인 염만숙
출판사업본부장 김현정
편집 오미현 원선희
디자인 윤현이
마케팅 강윤현 백미영

출판등록 1998년 7월 23일 제 1998-000170
제조국 대한민국
사용 연령 8세 이상
주소 서울특별시 서초구 남부순환로 2219 나노빌딩 5층
전화 마케팅 02-2033-8987 편집 02-2033-8928
팩스 02-3474-1411
전자우편 books@askwhy.co.kr
홈페이지 mindalive.co.kr

저작권자 ⓒ 2015 서지원 임대환
이 책의 저작권은 서지원 임대환에게 있습니다.
저자와 출판사의 허락 없이 내용의 일부를 인용하거나 발췌하는 것을 금합니다.

이 도서의 국립중앙도서관 출판시도서목록(CIP)은 서지정보유통지원시스템 홈페이지
(http://seoji.nl.go.kr)와 국가자료공동목록시스템(http://www.nl.go.kr/kolisnet)에서
이용하실 수 있습니다. (CIP제어번호 : CIP2015001595)

* 와이즈만 BOOKs는 (주)창의와탐구의 출판 브랜드입니다.

| 차 례 |

작가의 글 _6
등장 인물 _8

Mission 1
거대 괴물의 공격을 막아라 _11
분수의 크기 비교

신화 이야기 **린드 파피루스 이야기** _39

Mission 2
지하 세계 신의 정체를 밝혀라 _43
분수의 덧셈과 뺄셈

신화 이야기 **이집트를 세운 신들** _64

Mission 3
신이라는 증거를 찾아라 _71
분수의 곱셈과 나눗셈

신화 이야기 **호루스의 탄생** _88

Mission 4
악의 신, 세트의 공격을 막아라 _95
소수의 자릿수

신화 이야기 **신들의 심판** _115

Mission 5
독수리 머리로 변신해라 _119
소수와 분수의 연산

신화 이야기 **지혜의 신이 도운 다섯 아이들** _140

| 작가의 글 |

새는 알을 깨고 세상에 나온다

인간은 두 번 태어난다. 첫 탄생은 부모에게서 육체적 생명을 얻어 세상 밖으로 나오는 것이고, 그 다음 탄생은 자신 스스로 거듭나 정신적 생명을 얻는 것이다. 즉 자신을 에워싸고 있는 단단한 껍질을 스스로 깨야만 진정한 어른으로 다시 태어날 수 있다. 마치 애벌레가 고통스럽게 허물을 벗어야 화려한 나비로 태어나는 것처럼.

이 책은 내가 어린 시절에 읽었던 헤르만 헤세의 《데미안》이란 소설의 한 문장에서 영감을 받아 쓴 것이다.

> 새는 알을 깨고 나온다. 알은 곧 세계다. 태어나려고 하는 자는 하나의 세계를 파괴하지 않으면 안 된다. 새는 신을 향해 날아간다. 신의 이름은 아프락사스다.

이 책은 새가 알을 깨고 나오듯, 주인공 독고준이 정신적 탄생을 겪게 되는 모험 이야기다. 독고준은 신과 인간 사이에서 갈등을 느끼며 자신에게 던져진 문제를 하나씩 풀어 간다. 그런 독고준의 모습은 곧 여러분이 지금 또는 앞으로 겪어야 할 두 번째 탄생의 과정이다. 알을 깨고 나오는 게 고통스럽더라도 흔들리거나 주저하면 안 된다. 그래야 여러분에게 꿈을 펼칠 수 있는 날개가 돋기 때문이다.

수학을 공부하는 과정도 마찬가지다. 나는 수학을 왜 배워야 하는지 이유와 목적도 모른 채 좋은 성적만을 얻기 위해 앞만 보고 달리는 여러분에게 새로운 세상을 보여 주고 싶었다.

부끄럽게도, 우리나라 학생들은 전 세계에서 수학을 가장 싫어하고 있으며 자신감도 가장 낮다고 한다. 수학을 배우는 진정한 의미를 모른다면, 여러분은 앞으로 수학이 괴롭고 지겹고 고통스러울 수밖에 없다. 수학을 공부하기 전에 수학이 왜 필요하며 어떻게 세상에 쓰이고 있는지, 수학을 잘하면 나는 어떻게 변할 수 있는지를 먼저 알아야 한다. 그래야 진정한 어른이 되는 제2의 탄생을 할 수 있다.

수학을 꼭 배워야 하는 이유는 백만 가지도 넘지만, 그 모든 이유를 한마디로 정리하면 이것이다.

수학은 세상을 현명하게 살아갈 수 있는 방법을 가르쳐 준다.

수학에서 정답을 찾는 법보다 새로운 생각을 해낼 수 있는 능력을 키워야 한다. 정답을 맞히는 데에만 매달리지 말고, 문제 푸는 과정을 중요하게 여겨야 한다. 그래야 세상을 논리적으로 파악하는 능력이 키워진다.

머리로만 배우는 것은 진정한 공부가 아니다. 머리로 배우고 몸으로 익혀야만 진정한 공부가 된다. 여러분도 독고준과 함께 온몸으로 모험을 즐기면서 참다운 지식을 익히길 바란다. 아무리 머리가 뛰어나도 공부를 즐기는 학생은 이길 수가 없기 때문이다.

여러분의 친구 서지원

| 등장 인물 |

독고준

얼마 전까지 나는 평범한 초등학생이었어. 그런 내가 사실은 인류에게 수학의 비밀을 알려 준 이집트의 신 호루스였다니! 처음엔 나도 믿기지 않았지만 모험을 계속하면서 내 몸속에 잠들어 있던 수학의 힘과 기운을 느끼게 됐지 뭐야. 난 이제 신이 되어야만 해. 그래야 세트에게 붙잡혀 간 엄마 아빠, 그리고 친구들을 구할 수 있거든!

호루스

5차원의 세상을 가로질러 이집트로 와 신이 된 나는 바람과 물, 불을 마음대로 다스릴 수 있는 특별한 외계인이었지. 어느 날, 악의 신 세트가 아버지를 죽이고 왕위를 빼앗았다는 사실을 알게 되었어. 나는 아버지의 복수를 위해 세트와 전쟁을 벌이다 왼쪽 눈이 갈기갈기 찢기고 말았어. 그리고 태양의 신, 라의 도움으로 태양을 눈동자로 갖게 되었지. 마지막 전쟁의 날, 세트의 함정에 빠져서 인간 아이인 독고준의 몸속에 봉인되고 말았어.

세트

나는 오시리스의 동생이자 호루스의 삼촌이다. 오시리스를 죽이고 왕이 되려다가 호루스에게 내쫓기게 되었지. 하지만 호루스가 나를 공격하려 한다는 걸 알고 부하를 시켜 호루스를 인간의 몸속에 가두어 버렸지. 그런데 호루스로 깨어나려 한다지 뭔가!

오시리스

나는 신들의 왕으로 평화로운 이집트를 다스렸지. 죽은 후 아내인 이시스의 마법으로 되살아나 죽은 자들의 세상을 다스리는 왕이 되어 지하 세계에 갇혀 지냈지. 그러다 아들이 태어났으니, 바로 자랑스러운 용사 호루스였어. 나는 호루스에게 복수를 해 달라고 부탁하고, 내가 가진 모든 힘을 전해 주었어.

이시스

지혜의 여신인 나는 아들 호루스에게 세트를 물리칠 수 있도록 여러 가지 지혜와 마법을 가르쳐 주었어. 하지만 호루스가 세트와의 전쟁에서 패배하고 어디론가 사라져 버렸지 뭐야. 오랫동안 찾아 헤매다가 호루스가 독고준이라는 아이의 몸속에 봉인되어 있다는 사실을 알게 되었어. 조그맣고 힘없는 인간 아이가 내 아들이라니!

강영재

나는 독고준의 절친한 친구야. 키가 작아서 '도토리'라는 별명을 가졌어. 황혜리가 놀려 대지만 난 넉살 좋게 웃어넘겨. 왜냐하면 난 타고난 개그맨이거든. 개그맨은 그 어떤 순간에든 웃을 줄 알아야 하니까.

황혜리

내 별명은 체육 소녀. 그래서 트레이닝복 차림으로 학교에 자주 가. 강영재, 독고준과는 삼총사로 불릴 만큼 똘똘 뭉쳐 다니는데, 사실 난 독고준을 좋아하고 있어. 영재가 이 사실을 눈치채면 놀려 댈까 봐 무뚝뚝하게 행동하느라 진땀을 빼지. 언젠가 준이 내 마음을 알아주는 날이 오겠지?

Mission 1

거대 괴물의 공격을 막아라

· 분수의 크기 비교 ·

미션 목표

왜 옛사람들은 분자가 1인 분수를 사용했을까?

헉, 헉, 헉······.

준의 숨소리가 거칠다. 숨이 차올라 심장이 터질 것만 같다. 준은 달리면서 뒤를 힐끔 돌아본다. 순간 준의 두 다리가 모래 속으로 푹 빠져든다. 당황한 준은 안간힘을 다해 다리를 빼내고 한 걸음 뒤로 성큼 물러선다. 언제 또 다리가 모래 속으로 푹 빠져들지 모른다. 준은 하늘을 올려다본다. 강렬한 태양 빛 때문에 온 세상이 녹아내릴 것만 같다.

얼마나 걸었을까.

다리에 돌을 매단 것처럼 준의 발걸음이 무거워진다. 이제 더는 한 걸음도 뗄 수 없을 것 같다. 준은 앞을 바라본다. 사막이 끝없이 펼쳐져 있다. 뜨겁게 달궈진 모래 위로 아지랑이가 피어오른다.

이곳은 어떤 생명도 살아남지 못할 불모지 같다. 사방을 둘러보아도 모래밖에 없다. 눈을 크게 뜨자, 거친 모래바람이 불어온다. 준은 손바닥으로 모래바람을 막는다. 살짝 벌어진 손가락 틈 사이로 거대한 피라미드가 보인다. 산보다 더 거대하고 웅장한 피라미드가 준의 눈앞에 떡하니 버티고 서 있다.

'대체 여, 여기가 어디지?'

준은 더 이상 버티지 못하고 깊은 숨을 토해 내며 쓰러진다.

갑자기 검은 그림자가 준의 몸 위로 드리워진다. 검은 그림자는 점점 커지더니 준의 몸을 모두 뒤덮고 태양조차 가려 버린다.

순간 준은 감았던 눈을 부릅뜬다.

준 앞에 거대한 괴물이 서 있다. 머리는 새카맣고, 두 개의 흰 눈동자가 날카롭게 빛난다. 주둥이가 길고, 귀는 삐죽 서 있다. 처음 보는 정체불명의 동물인데도, 괴물의 몸뚱이만은 분명히 사람과 똑같다. 벌거벗은 근육이 햇빛을 받아 번들거린다. 괴물은 한쪽 손에 날카로운 창을 들고 있다.

크흥!

괴물이 콧김을 내뿜으며 준을 노려본다.

쓰러져 있는 준은 팔꿈치로 땅을 디디며 뒤로 물러선다. 그러자 괴물이 준을 향해 발걸음을 한 발 뗀다. 쿵 하는 소리가 나면서 땅이 울린다.

크아아악!

거대 괴물이 하늘을 향해 울부짖는다.

준은 다시 도망치기 시작한다. 그러나 괴물의 손아귀에 꼼짝없이 붙잡히고 만다.

괴물은 준을 움켜쥐고 들어 올려 자신의 얼굴 가까이로 가져간다.

"아, 안 돼! 살려 줘! 놔달란 말이야!"

준은 비명을 지르며 몸부림치지만 소용이 없다.

거대 괴물은 준의 얼굴을 뚫어지게 들여다보더니, 날카로운 손톱을 세워 준의 한쪽 눈에 갖다 댄다. 곧이어 괴물이 '크윽!' 소리를 내면서 준의 눈알을 뽑으려는 찰나!

"으악!"

준은 소리를 지르며 벌떡 몸을 일으켰다. 주위는 캄캄하고 고요했다. 준은 손을 뻗어 누웠던 요에 갖다 댔다. 요는 땀으로 축축했다.

'내 눈은 멀쩡한 거야?'

준은 괴물이 뽑으려고 했던 한쪽 눈을 만져 보았다. 다행히 그대로였다. 하지만 눈 주변이 얼얼한 게 진짜 괴물의 손이 닿았던 것만 같았다. 꿈은 너무나 생생했다. 도대체 이 꿈을 벌써 몇 번째 꾸는 걸까. 마치 녹화해 놓은 영상을 되풀이해서 보는 것처럼 준은 같은 꿈을 자주 꾸었다. 꿈속에서 괴물은 언제나

준의 눈알을 뽑으려고 했다.

"안경을 쓰고 자면 괜찮아질까……."

준은 이불을 머리끝까지 뒤집어쓰고 새우처럼 몸을 웅크렸다. 하지만 잠이 올 것 같지 않았다.

그렇게 얼마나 시간이 흐른 걸까. 준은 까마득한 메아리처럼 들려오는 엄마의 목소리에 부스스 눈을 떴다.

"독고준, 일어난다, 실시!"

"벌써 아침이에요……?"

"대체 몇 번을 깨워야 일어나지? 어젯밤에 엄마 몰래 뭘 한 건 아니겠지?"

"아니에요, 그런 거."

열린 방문 틈으로 현관 앞에 강영재가 서 있는 게 보였다.

"독고준! 어휴, 이 지각 대장. 지금 8시야! 너 때문에 나까지 지각하겠어!"

영재가 빨리 준비하라며 소리를 질렀다.

준은 후다닥 욕실로 뛰어가 대충 세수를 했다. 간밤의 꿈 때문인지 쉽사리 정신이 들지 않았다.

준이 굼뜨게 움직이자, 엄마가 참지 못하고 욕실 문을 벌컥 열며 소리쳤다.

"굼벵이처럼 뭐 하는 거야. 지금부터 딱 3분을 주겠다. 무조건 준비하고 나온다, 실시!"

"시, 실시!"

준은 엉겁결에 경례 자세를 하고 소리쳤다.

준은 세수를 하는 둥 마는 둥 하고 방으로 뛰어가 옷을 갈아입었다.

"내일부터 일찍 안 일어나면 뜀뛰기 100번이야. 알겠어?"

"알겠어요."

준이 양말을 신으며 허둥지둥 현관으로 달려 나오자, 바짝 긴장하고 서 있던 영재가 현관문을 활짝 열어 주었다. 준은 스프링처럼 튕기듯 문 밖으로 뛰어나갔다.

둘은 학교를 향해 있는 힘껏 달렸다. 교문을 통과하니 8시 28분이었다. 아슬아슬했지만 지각은 아니었다.

"어휴, 땀나."

"덥다, 더워."

영재와 준은 땀을 훔치며 웃었다. 그런데 영재가 준의 얼굴을 보고 고개를 갸웃하며 물었다.

"야, 눈이 왜 그러냐?"

"내 눈이 왜?"

 준은 당황해 하며 자신의 눈을 만졌다. 수가 괴물이 한쪽 눈을 뽑아 가려던 악몽이 떠올랐다.
 "완전 퉁퉁 부었잖아. 어제 라면 먹고 잤어?"
 "아냐!"
 준은 퉁명스럽게 대꾸하며 눈살을 찌푸렸다.
 "왜 신경질이야? 내가 데리러 안 갔으면 너 또 지각했을 텐데! 은인한테 고맙다는 말은 못할망정……."
 영재는 길바닥에 있는 돌멩이를 걷어차며 투덜거렸다.
 독고준은 냉천초등학교 5학년 3반에 다니는 남자아이다. 성이 독고, 이름이 준. 준은 특별히 잘하는 것은 없지만, 특별히 못하는 것도 없다. 뭐든 중간 정도를 해내는, 있는 듯 없는 듯 조용하고 평범한 아이. 준과 가장 친한 친구를 꼽으라면 황혜리와 강영재다.

혜리는 학급의 체육 부장이다. 여자아이지만 운동을 기가 차게 잘한다. 언제나 트레이닝복을 입고 다녀서 '체육 소녀'라는 별명이 붙었다. 여자이지만 축구를 제일 잘한다. 힘은 또 어찌나 센지, 팔씨름 대회에서 남자아이들을 모조리 꺾을 정도다.

"야, 도토리랑 밤톨!"

혜리가 큰 소리로 영재와 준을 불렀다. 보통 남자아이들보다 훨씬 키가 큰 혜리는 준에게 항상 '밤톨'이라고 불렀다.

솔직히 밤톨이란 별명이 붙은 건 순전히 영재 때문이었다. 영재는 2학년들이 친구하자고 할 정도로 반에서 키가 제일 작다. 가끔 혜리가 영재에게 업어 주겠다며 장난할 정도다. 그래서 영재는 작은 키 때문에 '도토리'라는 별명을 얻었고, 그보다 조금 키가 큰 준은 '밤톨'이라는 별명을 얻었다.

"우리가 밤톨이면 넌 멀대다!"

"뭐, 말 다했어?"

"아직 못 했다, 메롱!"

키가 작으면 기가 죽을 법도 한데, 영재는 전혀 아랑곳하지 않았다. 오히려 항상 까불거리면서 친구들 앞에 나서서 장난을 쳤다. 영재는 자기보다 키가 훨씬 큰 혜리에게 '보디가드'라는 별명을 붙여 주었다. 그러고는 혜리와 같이 걸을 때마다 어깨를 으스대기까지 했다.

"에, 그러니까 이번 시간에는 이 문제를 풀어 보면서…….'

'에 선생님'이 수업을 시작했다.

선생님은 수학 과목을 가르쳤는데, 말할 때마다 '에'라는 감탄사를 꼭 붙였다. 그래서 아이들은 '에 선생님'이라고 부른다.

지루한 수업을 듣던 준은 무심코 고개를 돌려 창밖을 바라보았다.

4월의 봄 하늘은 회색빛이었다. 금방이라도 비를 뿌릴 듯 흐렸다.

'대체 그 괴물은 무엇이었을까.'

준은 꿈속에 나타난 정체불명의 괴물을 떠올렸다. 검은 표범처럼 생긴 새카만 머리와 번뜩이는 흰 눈자위가 또렷하게 떠올랐다. 준은 머릿속에 떠오른 모습을 그림으로 옮기기 시작했다.

"에, 거기 학생? 학생!"

에 선생님이 준을 불렀다. 놀란 준이 벌떡 일어서자, 에 선생님이 인상을 팍 찌푸렸다.

"내가 언제 일어나라고 했나?"

"네? 죄, 죄송해요."

"무슨 생각을 하고 있었던 거지?"

"그냥…… 괴물에 대해서요."

"괴물?"

에 선생님이 심각한 표정으로 준을 노려보았다.

때마침 하늘이 도왔는지 수업을 마치는 종소리가 울렸다. 점심시간이 시작된 것이다. 아이들이 얼른 급식실로 가야 된다며 소리쳤다.

에 선생님은 하는 수 없다는 듯 수업을 마치고 교실 밖으로 나갔다.

준은 점심을 먹는 둥 마는 둥 하고 운동장으로 나왔다.

"독고준, 뭐 해?"

혜리와 영재가 등 뒤에서 다가왔다.

준은 손에 들고 있던 수첩을 얼른 감추었다.

"아까부터 그리던 그림이지?"

"이리 내."

영재가 잽싸게 준의 수첩을 빼앗았다.

"뭐야, 이게?"

혜리가 수첩에 그려진 그림을 보고 고개를 갸웃했다.

"나도 몰라. 어서 돌려줘!"

준이 수첩을 되찾으려고 영재의 손목을 잡았다.

"이건 눈이잖아. 그런데 이 숫자들은 뭐야?"

"분수야? 분수 맞지?"

혜리와 영재가 계속 질문을 던졌지만, 준은 대답하지 않았다. 아니, 어떻게 대답을 해야 할지 몰랐다.

"왜 이런 이상한 그림을 그리고 있어? 언제부터 분수에 관심이 있었던 거야?"

영재가 물었다.

"실은 이 그림이 자꾸 꿈에 나타나서⋯⋯."

준이 솔직하게 대답했다.

"꿈에?"

준은 지난밤에 꾸었던 꿈 이야기를 했다. 벌써 열 번도 넘게 같은 꿈을 꾸었다는 말도 덧붙였다.

"그 괴물이 내 눈알을 뽑아 버리는 거야. 그러고는 두 주먹을 꽉 움켜쥐고 내 눈알을 산산조각 내더라고. 조각 난 내 눈동자가 바닥에 떨어져 생긴 게 바로 이 그림이었어. 눈동자 옆엔 알 수 없는 분수들이 적혀 있었고⋯⋯."

준은 수첩에 그린 그림을 손가락으로 가리키며 말했다.

"준아, 공포 영화를 너무 봐서 그런 거 아냐? 난 얼마 전에

고양이가 저주 내리는 공포 영화를 봤거든. 그러고 나니까, 혼자 있을 때 어디선가 고양이 울음소리가 들리는 것 같더라고."

혜리가 위로하듯 말했다.

"난 눈 빼 가는 괴물이 나오는 공포 영화는 본 적이 없어."

준이 그렇게 말하며 쪼그리고 앉아, 오므린 다리 사이로 고개를 푹 묻었다.

"아! 이게 뭔지 알 것 같아!"

갑자기 영재가 손가락을 퉁기며 소리쳤다.

"뭐?"

"이건 분수의 저주야!"

영재는 대단한 것을 알아낸 것처럼 어깨를 으쓱했다.

"분수의 저주라니?"

"그런 게 어디 있냐? 지어내지 마."

혜리가 영재의 머리를 툭 치며 핀잔을 주었다.

하지만 준은 '저주'라는 말에 목덜미가 서늘해지면서 소름이 돋는 것 같았다.

"너, 지난번 중간고사에서 분수 문제 못 풀었잖아. 그것 때문에 엄마한테 무척 혼났다면서? 이건 그래서 꾼 꿈이야. 분수의 저주라고."

영재가 확실하다는 표정을 지으며 말했다.

"말도 안 돼!"

혜리가 코웃음을 쳤다.

하지만 영재는 근엄한 자세로 준 앞에 앉으며 말을 이었다.

"준아, 걱정 마. 내가 요즘 퇴마술을 배우고 있거든. 저주를 일으키는 악마를 퇴마술로 물리칠 수 있어. 주문도 있어. 그게 뭐더라? 맞다, 아브라카다브라!"

영재는 양손의 검지를 맞붙인 채 이상한 주문을 외웠다.

혜리는 그런 영재를 보고 혀를 끌끌 차며, 준에게 무시하라고 말했다.

"그런데 이거 좀 이상하지 않니?"

그림을 가만히 보고 있던 혜리가 고개를 갸웃했다.

"뭐가?"

"여기 분수들은 분자가 모두 1이야. 왜지?"

"어? 그러네……."

준은 고개를 끄덕이며 중얼거렸다. 자신이 그림을 그리긴 했지만, 그게 이상하다고 생각해 본 적이 없었다.

"분자가 1인 분수를 뭐라고 하던데……. 생각이 안 나네. 수업 시간에 선생님한테 배웠는데…… 뭐였더라?"

혜리는 이마를 찡그리며 생각을 쥐어짜려고 애썼다.
그때였다.
"으아아악! 내 머릿속이 이상해!"
갑자기 영재가 두 손으로 머리를 쥐어뜯으며 비명을 질러 댔다. 그러고는 제자리에서 펄쩍펄쩍 뛰면서 괴로워했다.
혜리와 준이 깜짝 놀라 영재를 붙잡았다.
"영재야! 정신 차려! 왜 그래?"
"으아아악! 뇌가 녹고 있어! 악마가 머릿속에 들어왔나 봐!"
"뭐? 뭐라고?"

혜리와 준의 눈이 동시에 휘둥그레졌다.

그러자 고개를 숙였던 영재가 갑자기 머리를 번쩍 들며 혀를 날름 내밀었다.

"놀랐지? 완전 속았지? 푸하하핫!"

영재는 쪼그리고 앉아 배를 잡고 웃어 댔다.

"어휴, 장난칠 걸 쳐야지! 매를 버네, 매를 벌어!"

혜리가 영재의 등판을 손바닥으로 짝 내리쳤다.

"으허헉!"

영재는 엄살을 부리며 피하더니 교실로 도망쳤고, 혜리가 가만 안 둔다면서 그 뒤를 쫓았다.

혼자 남은 준은 가만히 그림을 들여다보았다. 분수 속에 뭔가 풀리지 않는 수수께끼가 숨어 있는 것만 같았다. 어쩌면 영재의 말대로 악마의 수수께끼일 수도 있었다.

'만약 그것 때문에 계속 악몽을 꾸는 거라면······.'

준이 이런저런 생각을 하고 있는데, 점심시간이 끝났다는 종소리가 들려왔다.

"분자가 1인 분수······. 분자가 1인 분수······."

준은 중얼대며 교실로 걸어 들어갔다.

그날 저녁의 일이었다.

준은 밥을 먹는 둥 마는 둥하고 시큰둥한 표정으로 식탁에 앉아 있었다. 그 모습을 본 아빠가 고개를 갸웃했다.

"입맛이 없어?"

"아뇨."

"고민이 잔뜩 있는 얼굴인데?"

"아빠, 이번엔 언제 떠나세요?"

준은 아빠의 질문에 엉뚱하게 대꾸를 했다.

아빠가 뜨끔한 표정으로 준을 보았다.

준의 아빠는 이집트 역사를 연구하는 고고학자이다. 아빠는 일 년의 절반을 이집트 사막에서 보내는데, 그곳에서 유물을 발굴하고 돌아와 유물의 제작 시기나 역사적 가치 따위를 연구한다.

"준아, 아빠가 이번에 하는 연구는 정말 중요한 거라서……."

"지난번에도, 또 그전에도 그러셨잖아요. 이번 연구는 정말 중요한 거라고. 만날 그러셨으면서……."

준은 더 이야기를 하는 게 싫다는 듯 입을 꽉 다물었다. 솔직히 준은 아빠한테 이상한 꿈에 대해 털어놓고 싶었다. 하지만 아빠가 너무 바빠 보여서 차마 입을 뗄 수가 없었다.

"무슨 일인데 그래?"

"아무것도 아니에요."

준은 젓가락을 내려놓고 식탁에서 일어섰다. 그때였다. 거실 탁자 위에 놓인 책의 표지가 눈에 확 들어왔다. 그 표지에는 준이 꿈에서 보았던 것과 같은 그림이 잔뜩 그려져 있었다.

"아빠, 저 표지 그림은 뭐예요?"

"저거? 이집트 최초의 분수란다."

"분수요?"

"저건 《린드 파피루스》라는 이집트의 수학 책이거든. 세계에서 가장 오래된 수학 책이지."

준은 책을 식탁으로 가지고 와 유심히 들여다보았다. 몇 번을 들여다보아도 꿈에서 본 문자들이 틀림없었다.

"이게 무슨 뜻이에요?"

"어디 보자. 이걸 해석하면 '어떤 숫자가 있다. 이 숫자의 $\frac{2}{3}$와

$\frac{1}{2}$과 $\frac{1}{7}$과 그 숫자의 합은 33이다. 그 숫자는 무엇일까?'라는 뜻이란다."

"어떻게 풀어야 해요?"

"이 녀석이 어쩐 일이야? 이집트의 '이' 자만 나와도 질색하는 녀석이."

"아빠, 이 문제는 뭐예요?"

준은 꿈에서 본 것과 가장 비슷한 문자를 찾아 콕 집어 물었다. 그러자 아빠는 잠시 고개를 갸웃하더니 문제를 설명해 주었다.

"어디 보자, 이건 $\frac{1}{2}, \frac{1}{4}, \frac{1}{8}, \frac{1}{16}, \frac{1}{32}, \frac{1}{64}$의 공통점은 무엇인지 묻는 문제구나."

"답이 뭔데요?"

"급하긴, 우물가에서 숭늉 찾는 식이로구나."

"빨리요!"

"네가 잘 생각해 봐. 뭐겠니?"

"글쎄요. 공통점은 분모가 짝수라는 거?"

준이 눈알을 또르르 굴리며 눈치를 살폈다. 그러자 아빠는 본격적으로 문제를 풀어 보려는 듯 두 손바닥을 싹싹 비볐다.

"또 특징이 있다면 오른쪽으로 갈수록 분수의 크기가 점점 작아지는 것 같은데?"

"작아진다고요?"

준이 눈을 반짝였다.

"여길 봐, 분수가 오른쪽으로 갈수록 점점 작아지고 있잖아. 아, 분수의 크기를 어떻게 비교하는지 모르는구나! 자연수는 크기를 비교하기 쉽지. 예를 들어 8과 16을 비교하면 16이 크다는 건 금방 알 수 있으니까. 그런데, 분수는 분모가 다르면 크기를 비교하기 쉽지 않지. 예를 들어 $\frac{1}{6}$과 $\frac{3}{6}$을 비교하면 $\frac{3}{6}$이 크다는 걸 쉽게 알 수 있지만, 분모가 다른 경우엔 말이다……."

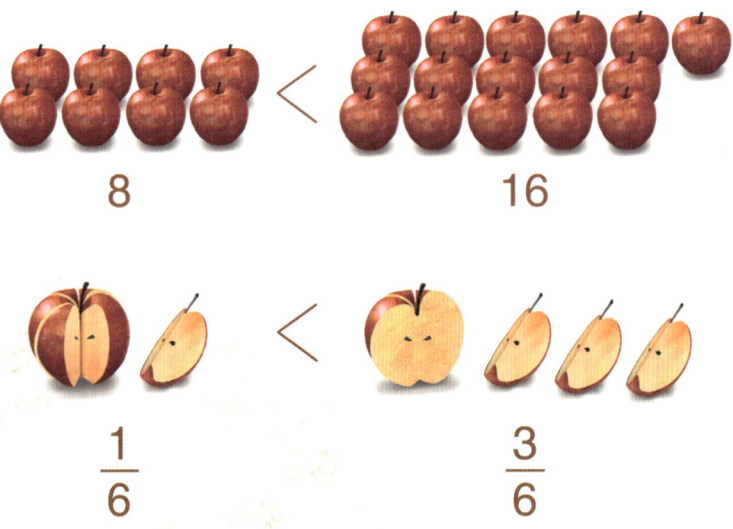

"빨리, 자세히 좀 설명해 주세요."

준이 아빠를 재촉했다.

"잘 들어 봐, 분모가 다른 분수의 크기를 비교하기는 어려워. $\frac{1}{2}$과 $\frac{1}{3}$ 중에서 어떤 분수가 더 클지 비교하기 어렵잖아."

"네."

"바로 그럴 때 알아낼 쉬운 방법이 있지!"

아빠는 연습장에다가 쓱쓱 그림을 그렸다.

"이렇게 보면 엄청 쉬워져. 봐, $\frac{1}{2}$은 전체를 2로 나눈 것 중에 1이고, $\frac{1}{3}$은 전체를 3으로 나눈 것 중에 1이야. 그러니까 $\frac{1}{2}$이 당연히 크지."

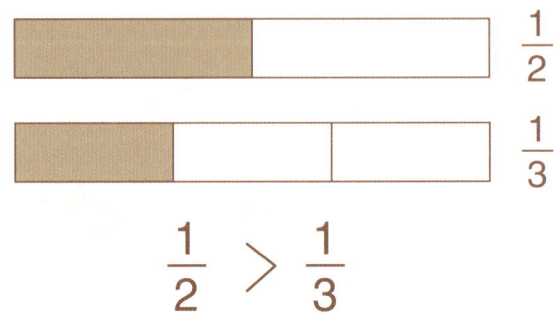

"참, 준아. 자연수에서는 100이 10보다 더 크지? 하지만 분수에서는 $\frac{1}{10}$이 $\frac{1}{100}$보다 더 크단다. 왜 그런지 아니?"

아빠가 불쑥 물었다.

준은 대답 대신 눈만 말똥거렸다.

"$\frac{1}{10}$이 $\frac{1}{100}$보다 크다는 건 알겠는데, 그 이유를 설명하지 못하겠어요."

"그건 바로 네가 원리를 모르기 때문이야. 수학은 반드시 원리를 알아야 해."

아빠는 김 한 장을 찢어서 반으로 나누었다.

"김 한 장을 나눈다고 가정해 보자. 이걸 나누면 나눌수록 김의 크기는 작아지겠지? $\frac{1}{10}$은 김을 10조각으로 나눈 가운데 1조각이란 뜻이고, $\frac{1}{100}$은 김의 100조각 가운데 1조각이란 뜻이야. 그러니까 $\frac{1}{10}$이 $\frac{1}{100}$보다 큰 거 아니겠니?"

"아, 그렇구나."

준은 고개를 끄덕거렸다. 준은 어느새 아빠 곁에 찰싹 붙어 앉아 있었다. 아빠의 팔꿈치가 준의 팔꿈치에 닿을 때마다 따뜻한 온기가 느껴졌다. 준은 그 온기가 낯설었다. 아빠도 준과 가까이 앉아 있는 게 낯설기는 마찬가지인 듯했다.

"험, 그나저나 우리 준이가 아빠한테 이렇게 진지하게 질문을 다 하다니, 웬일이야?"

"그냥……"

준은 아빠와 이렇게 이야기 나누는 게 어쩐지 어색했다. 일 년에 절반 이상을 떨어져 지내다 보니, 아빠가 돌아오면 어떻게 말을 걸어야할지 망설이곤 했다.

"또 궁금한 건 없어?"

"아빠, 그러니까 분자가 1인 분수끼리 비교할 때에는 분모가 크면 작은 수이고 분모가 작으면 큰 수인 거죠?"

$$\frac{1}{2} > \frac{1}{4} > \frac{1}{8} > \frac{1}{16} > \frac{1}{32} > \frac{1}{64}$$

$$2 < 4 < 8 < 16 < 32 < 64$$

"그렇지!"

준이 아빠 옆에 바짝 붙어 앉아 설명을 듣고 있을 때였다.

엄마가 불쑥 다가오더니 말했다.

"오랜만에 아들하고 아빠가 나란히 앉아 있는 걸 보니까 보기 좋은데?"

"그렇지?"

"여보, 이참에 준이 공부도 좀 봐 주고 그래요."

"그럴까?"

아빠가 준을 바라보았다.

준은 좋다고 대답하고 싶었지만 차마 말하기가 쑥스러웠다.

아빠와 오랜만에 이야기를 나누었더니 얼굴이 화끈거리고 가슴이 뛰는 것 같기도 했다.

"전 이제 그만 방으로 들어갈게요."

준은 도망치듯 방으로 들어갔다.

그 모습을 본 아빠는 아쉬운 듯 한숨을 짧게 내쉬었다.

준은 방문을 꾹 닫으려다가 불쑥 문을 열고 고개를 내밀었다.

"아빠."

"어?"

"똑같은 꿈을 계속 꾸는 것도 병이에요?"

아빠가 어리둥절한 표정을 지었다.

"그런 병은 처음 들어 보는데? 왜 갑자기 그런 걸 묻는 거야?"

"그냥요."

준은 짧게 대답하고 방문을 꾹 닫아 버렸다.

준이 침대에 털썩 앉을 때였다. 거실에서 아빠와 엄마의 말소리가 들려왔다.

"여보, 이번엔 떠나기 전에 준이랑 여행이라도 다녀와요. 곧 이집트로 돌아가야 할 텐데, 그러고 나면 또 한참 동안 못 보게 되잖아."

"나도 그러고 싶은 마음은 굴뚝같은데 시간이 안 날 것 같아. 당신도 알다시피 이번 논문은 엄청 중요한 거잖아."

"그건 다 핑계야."

"여보, 나도 좀 이해해 줘."

준은 엄마와 아빠가 나누는 이야기를 들으며 눈을 감았다. 스르르 잠이 몰려왔다.

린드 파피루스 이야기

아주 먼 옛날, 이집트 나일 강변에 '아메스'라는 아이가 살았다.

아메스, 또 어디 가니?

사원에 다녀오려고요!

아메스의 집 근처에는 큰 사원이 있었다.

여기 오면 마음이 편해지는 것 같아.

어? 이게 뭐지?

사원 벽에 그려진 이상한 그림은 왕이 전쟁에 나가 싸우다 죽은 날짜를 기록한 것이라고 했다.

그날 이후 아메스는 승려에게 숫자를 배우게 되었다.

아메스는 승려에게 배운 숫자를 잊어버리지 않으려고, '파피루스'라는 종이에 하나하나 써 두었다.

이집트 인들은 숫자를 기호로 만들어 썼다.
1은 수직 막대기,
10은 손잡이,
100은 두루마리,
1000은 연꽃,
10000은 손가락,
100000은 올챙이 모양이었다.

Mission 2

지하 세계 신의 정체를 밝혀라

· 분수의 덧셈과 뺄셈 ·

미션 목표
분수끼리 계산할 때
통분은 왜 할까?

4월 중순인데도 날이 후덥지근했다. 아이들은 덥다며 창문을 활짝 열었다. 시원한 바람이 간간이 콧잔등을 스치고 지나갔다.

준은 창밖을 물끄러미 바라보았다.

그때였다. 앞자리에 앉은 영재가 몸을 획 돌리더니 뭔가를 준에게 잽싸게 내밀었다. 쪽지였다. 준은 눈치를 살피다가 영재가 내민 쪽지를 펼쳐 보았다. 쪽지에는 부적이 그려져 있었다.

"이게 뭐야?"

준이 눈짓으로 쪽지를 가리키며 작은 소리로 물었다.

"퇴마술 부적이야. 이제부터 그걸 몸에 간직하고 다녀."

"뭐?"

영재는 날마다 이상한 부적을 그리거나 주문을 외워 댔다.

아이들이 쳐다보건 말건 준의 주변을 빙빙 돌며 이상한 주문을 외우기도 했고, 지금처럼 이상한 모양의 부적을 그려 대기도 했다. 퇴마술로 분수의 저주를 풀겠다는 것이 영재의 목표였다. 그런데 영재만 그러는 게 아니었다.

혜리는 쉬는 시간마다 학교 도서관을 들락거렸다. 분수의 수수께끼를 풀어낼 수 있는 책을 찾아보려는 것이었다.

"제발 그만 좀 해."

준은 혜리와 영재가 자신의 악몽에 너무 많이 관심을 갖는 게 부담스러웠다. 결국 반 아이들 사이에 이상한 소문이 돌기 시작했다.

"소문 들었어? 독고준 말이야. 걔, 이상한 병에 걸렸대."

"그게 아니라 눈이 이상해졌다던데?"

"아무튼 기분 나쁜 병인 건 틀림없어."

아이들은 준에게 저주가 걸렸다며 수군거렸다.

준은 자기 이름이 다른 아이들의 입에 오르내리는 게 마음에 들지 않았다.

5교시는 자율 활동 시간이었다.

담임 선생님은 아이들에게 영화를 보여 주겠다고 했지만, 아이들은 운동장에 나가 놀고 싶다며 졸라 댔다.

"선생님! 운동장에 나가서 게임해요!"

"영화보다는 피구가 더 좋아요!"

선생님은 아이들의 등쌀에 두 손 다 들었다는 듯, 운동장으로 다들 모이라고 했다.

준은 느릿느릿 체육복으로 갈아입었다. 그런데 고개를 돌려 보니 영재도, 혜리도 보이지 않았다.

'수업 시간이 다 됐는데, 어딜 간 거지?'

이런 생각을 하던 준은 한숨을 푹 내쉬고 운동장을 향해 걸어갔다.

"우선 편을 나누도록 해."

선생님의 말씀에 아이들이 삼삼오오 모이기 시작했다.

준은 혼자였다. 누구도 준 곁에 다가서려고 하지 않았다. 준은 혹시나 하는 마음으로 영재와 혜리를 찾아 고개를 두리번거렸다.

그때였다. 혜리가 아이들이 모인 쪽으로 헐레벌떡 뛰어 가며 준에게도 오라고 손짓했다. 그 뒤를 영재가 따라가고 있었다.

"준아! 수수께끼를 풀 단서를 찾았어!"

혜리가 준에게 손을 흔들며 소리쳤다.

아이들이 한꺼번에 혜리를 쳐다보았다.

"쟤, 무슨 소리를 하는 거야?"

아이들이 어리둥절한 표정으로 혜리와 준을 번갈아 바라보았다.

"내가 그 분수의 저주를 풀었다고!"

혜리가 활짝 웃으며 말했다.

그때였다. 갑자기 운동장 한가운데가 움찔거리더니, 지진이 일어난 것처럼 바닥이 들썩거리기 시작했다.

"뭐지? 뭐야?"

준은 놀라서 뒤로 흠칫 물러났다. 그런데 이상하게도 다른 아이들은 웃으며 뛰놀고 있었다. 아무 일도 없는 것처럼 태연해 보였다.

"으악!"

준의 눈앞에서 바닥이 '쩌억!' 하고 갈라지더니 흙이 사방으로 튀었다. 준이 놀라서 뒤로 주춤주춤 물러서자, 갈라진 틈 사이에서 거대한 것이 솟구쳐 올랐다.

그것은 거인이었다. 머리에 기다란 모자를 쓰고, 턱에는 염소 수염이 길게 나 있었다. 오색 빛깔로 번쩍이는 목걸이가 목에 휘황찬란하게 걸려 있었다.

'어디서 봤던 거 같은데…….'

준은 거인의 모습이 고대 이집트의 벽화 속 인물과 비슷하다고 생각했다.

땅에서 솟구쳐 나온 거인은 주변을 두리번거리며 무언가를 찾기 시작했다. 준을 찾는 것 같았다. 이윽고 준을 발견한 거인은 두 눈을 번뜩이더니 준 앞으로 서서히 걸어왔다.

쿵, 쿵, 쿵……!

거인이 발자국을 뗄 때마다 바닥이 천둥처럼 울렸다. 하지만 다른 아이들은 아무것도 모르는 듯 까르르 웃고 장난을 치고 있었다.

거인이 준에게 말했다.

"내 아들, 호루스야. 지금 여기서 뭘 하고 있느냐?"

준은 겁을 먹고 입을 멍하니 벌린 채 뒷걸음쳤다. 그럴수록 거인이 더욱 바짝 다가왔다.

"세트와의 전쟁을 잊었느냐? 악의 신, 세트가 태양의 나라를 집어삼키려고 한다. 어서 가자, 세트를 무찔러서 태양의 나라를 되찾아야 한다."

거인은 준을 향해 손을 뻗었다.

너무 놀란 준은 숨을 헐떡거리며 소리쳤다.

"도와줘요! 선생님! 영재야! 혜리야!"

그러나 어느 누구도 준의 목소리를 듣지 못했다. 준은 자신만 다른 세상에 와 있는 것 같았다.

"내 아들, 호루스야. 복수를 부탁한다!"

"저한테 왜 이러세요!"

준이 떨리는 목소리로 외쳤다.

"나는 오시리스, 죽은 자들의 세계를 다스리는 신, 바로 너의 아버지다!"

천둥처럼 커다란 목소리가 쩌렁쩌렁 울렸다. 그 순간 태양이 강렬한 빛을 내뿜었고, 주변은 하얗게 변했다.

겁에 질린 준은 그만 정신을 잃고 쓰러지고 말았다.

얼마나 시간이 지난 것일까. 준은 부스스 눈을 떴다. 그러자 눈앞에 희미한 그림자들이 어른거렸다. 눈에 힘을 잔뜩 주자, 형체가 차츰 또렷해졌다. 형체의 주인은 선생님과 혜리, 영재였다.

"준아, 정신이 드니?"

선생님과 아이들이 준을 내려다보며 물었다.

"여긴……."

"양호실이야. 너, 빈혈이 있었니? 전에도 쓰러진 적이 있어?"

선생님이 걱정스러운 목소리로 물었다.

준은 얼른 몸을 일으켰다.

"아직 무리하면 안 돼!"

"제가 얼마나 누워 있었던 거죠?"

"5분 정도?"

영재가 대꾸했다.
"휴, 어찌나 놀랐는지……."
혜리도 가슴을 쓸어내렸다.
준은 기어들어 가는 목소리로 영재와 혜리, 그리고 선생님에게 물었다.
"혹시…… 아까 거인 못 보셨어요? 운동장 바닥에서 나타난 그 거인 말이에요."
"그게 무슨 소리야? 너, 쓰러진 사이에 꿈을 꿨나 보구나. 집에 전화를 걸어 줄까? 부모님과 병원에 가 볼래?"
선생님이 준의 이마에 손을 대며 걱정했다.
준은 고개를 돌려 창밖을 바라보았다. 운동장에 거인의 모습은 없었다. 땅이 갈라진 자국도, 거인이 걸어오느라 움푹 파였던 바닥도 흔적이 사라져 있었다.
"그게 꿈이었나……."
준은 혼잣말을 중얼거렸다.
"야, 내가 준 부적은 어디 있어?"
영재가 물었다.
"교실에 두고 왔어."
"그러니까 이런 일이 생긴 거야!"

"그만하라니까."

준은 얼굴이 화끈거렸다. 선생님과 아이들이 놀란 눈으로 자신을 쳐다보고 있는 게 부담스러웠던 것이다. 순간 준의 귓가에 거인이 했던 말이 맴돌았다.

"내 아들 호루스야. 내 아들 호루스야……"

'만약 그 말까지 한다면 영재가 호들갑을 떨면서 소문을 내겠지.'

이런 생각을 한 준은 입을 꾹 다물었다.

그날 오후, 준은 학교를 조퇴하고 집으로 돌아왔다. 집에서 짐을 꾸리던 아빠가 갑작스럽게 일찍 온 준을 보고 눈을 휘둥그레 떴다.

"준아, 무슨 일이야?"

"그냥 좀 어지러워서 일찍 왔어요."

"어지럽다니, 왜?"

"……아무것도 아니에요."

준은 운동장에서 보았던 것을 이야기하려다가 입을 다물었다. 아빠에게 괜한 걱정을 끼치기 싫어서였다.

"준아, 아빠랑 여행이라도 다녀올래?"

"어딜요? 아빤 바빠서 오래 자릴 비우실 수 없잖아요."

준은 속으로 '좋아요!' 하고 외치고 싶었지만 애써 퉁명스럽게 대답했다.

"놀이동산은 어때?"

"내가 어린앤가 뭐."

"그럼…… 등산이라도 다녀올까?"

"힘들어요."

"낚시는?"

"됐어요, 할 줄 몰라요."

준은 진짜 하고 싶은 말과는 영 다른 말이 나오는 게 속상했다. 하지만 아빠와 눈이 마주칠 때마다 말이 엇나가고 있었다.

"아빠, 저한테 괜히 신경 쓰지 마세요."

"……."

아빠는 아무 대꾸도 하지 않았다.

그날 저녁, 아빠는 이집트로 출장가기 위해 짐을 꾸렸다. 준은 방문 틈 사이로 아빠의 모습을 가만히 지켜보았다. 그때였다. 아빠가 가방에다 책 한 권을 집어넣는 게 보였다. 순간 준의 눈이 휘둥그레졌다.

"저, 저건!"

책 속에 그려진 그림은 준이 보았던 눈동자와 똑같은 것이었다.

"아빠, 그게 뭐예요?"

준은 냉큼 방문을 열고 나가 물었다.

"어?"

"이 그림!"

준은 휘둥그레진 눈으로 아빠의 책을 낚아챘다. 아빠가 어리둥절한 표정으로 준을 보았다. 준은 서둘러 책장을 넘겼다.

"이게 뭐예요?"

"호루스의 눈이야."

"호루스라고요?"

"그래, 아주 용맹하고 지혜로운 신이지. 호루스는 아버지인 오시리스의 원수를 갚으려고 악의 신 세트와 오랫동안 전쟁을 했어."

"전쟁이요……? 아빠, 이 책은 제목이 뭔데요?"

"《비밀의 열쇠》라고 해. 왜 그러니?"

"아니요, 이거랑 비슷한 걸 본 적이 있어서요."

책을 넘기던 준은 또 한 장의 그림에 눈길을 멈추었다.

"아빠, 혹시 오시리스가 누구예요?"

"오시리스는 이집트를 통치하던 신이자 왕이었지. 우리 준이 아빠의 연구 분야에 대해 이렇게 큰 관심을 가질 줄은 몰랐는데!"

아빠는 신기하다는 눈으로 준을 쳐다봤다.

"관심은 무슨! 그냥 어디서 봤던 걸 보니까 신기해서……."

준은 말을 얼버무린 채 방으로 들어가려다가 불쑥 질문을 던졌다.

"오시리스와 세트는 어떤 관계예요?"

"둘 다 아빠가 연구하고 있는 이집트 신들이지. 세트는 말이다, 아주 무시무시한 악의 신이야. 형 오시리스를 죽이고 왕이 되려 했지. 생명을 잃은 오시리스는 살아 있는 자들의 세상에서 쫓겨나 죽은 자들의 세계로 가게 된단다."

"죽은 자들의 세계……?"

준은 운동장에서 만났던 거인의 말이 떠올랐다.

'나는 오시리스, 죽은 자들의 세계를 다스리는 신, 바로 너의 아버지다!'

이튿날 새벽, 준은 아빠의 가방에서 《비밀의 열쇠》를 몰래

꺼내 왔다. 준은 책을 물끄러미 들여다보며 골똘히 생각에 잠겼다.

'이 책은 대체 뭘까? 오시리스와 세트……. 아빠가 연구하는 신들이라고 했지? 아빠한테 전부 털어놓을까?'

준은 이런저런 생각을 하다가 어느새 잠이 들었다. 늦게 잠든 탓에 준은 늦잠을 자고 말았다. 영재가 문 앞에서 목이 터져라 불러 댔지만 그 소리조차 못 들을 정도였다.

"야, 독고준, 내가 너 때문에 몇 번이나 화장실 청소를 더 해야 되는 거냐?"

아침에 지각한 벌로 화장실 청소를 하게 된 영재가 볼멘소리를 했다.

"미안해."

"오늘은 왜 늦잠을 잔 거야?"

"그게……."

준은 꿈에서 보았던 것들과 아빠에게 들은 것들을 털어놓았다. 그 말을 들은 영재가 고개를 갸웃했다.

"아빠께 그걸 말씀드리고 자세히 여쭤 봐."

"나도 그러고 싶지만, 아빤 곧 떠나셔야 한단 말이야……."

"가시기 전에 궁금한 걸 다 여쭤 보면 되잖아."

준도 마음은 그러고 싶었지만 차마 입이 떨어지지 않는다며 말을 얼버무렸다.

그날 저녁, 준은 책상에 앉아 눈동자 그림 속의 분수들을 종이에 나열해 보았다.

$$\frac{1}{2} + \frac{1}{4} + \frac{1}{8} + \frac{1}{16} + \frac{1}{32} + \frac{1}{64}$$

"분모가 다 다른 분수잖아! 으악! 이렇게 어려운 문제를 풀려니 머리에 쥐가 날 거 같아!"

준은 머리를 싸매고 끙끙대다가 노트를 집어 던지고 말았다. 그때 영재로부터 전화가 걸려 왔다. 통화 연결음을 누르자 영재가 들뜬 목소리로 외쳤다.

"알겠다, 알겠어. 네가 무슨 저주에 걸렸는지 알겠어."

"무슨 저주?"

"바로 이집트 귀신의 저주에 걸린 거야. 내 퇴마술이 안 먹힌 걸 보니 이집트 귀신들은 한국말을 못 알아듣나 봐. 당장 이집트 어를 배워야겠어!"

준은 낮게 한숨을 내쉬었다. 그때였다. 노크 소리가 들리더니 아빠가 얼굴을 내밀었다.

"준아, 뭐 하니?"

"수, 수학 공부 중이었어요."

"그래? 아빠가 좀 도와줄까?"

아빠가 성큼 준의 책상으로 다가왔다.

준은 얼른 《비밀의 열쇠》를 서랍 속에 숨겼다.

"어디 보자, 분수 문제를 풀고 있구나? 분모가 같은 분수끼리 덧셈을 할 때는 분자끼리 더해 주기만 하면 되는데, 이건 분모가 다른 분수 문제구나. 이때는 두 분모를 같게 해 주는 통분을 해 줘야 해."

"통분요?"

"두 분모의 곱을 공통분모로 하면 최소공배수를 구하지 않아도 되는 장점이 있지. 하지만 두 분모를 곱하면 분모도 커지고 분자도 커지게 돼. 그래서 계산 과정이 복잡해질 수 있어."

아빠는 분모가 다른 분수를 덧셈할 때 최소공배수를 구해서 공통분모로 하면 수가 작아서 계산하기가 편리하다고 설명을 덧붙였다.

"그건 왜죠?"

"맨입으로 그 이유를 알려 달라고?"

아빠가 혀를 쏙 내밀었다.

"아빠, 치사하게!"

"안마 열 번을 해 줄 때마다 그 이유를 하나씩 알려 주도록 하지."

준은 아빠의 말투가 어색하게 들렸다. 자신과 가까워지려고 나름대로 애를 쓰는 게 느껴졌다. 준은 어색하게 자리에서 일어나 아빠의 어깨를 주무르기 시작했다. 아빠의 딱딱한 어깨 근육이 만져지자 이상한 느낌이 들었다.

"왜?"

"어깨가 단단해서요."

"녀석도 참. 아, 우리 아들이 주물러 주니까 절로 피곤이 풀리는 것 같다. 아들, 그 이유는 공통분모 중에서 가장 작은 수가 최소공배수이기 때문이지."

아빠는 움츠렸던 어깨를 펴더니 '어, 시원하다!' 하고 웃었다.

준은 아빠를 물끄러미 바라보다가 물었다.

"아빠, 이번에 가면 언제쯤 돌아오세요?"

"글쎄다. 빠르면 서너 달쯤?"

"그럼 반년쯤 걸리겠네요."

준이 씁쓸하게 대꾸하자, 아빠는 고개를 떨구었다. 미안해 어쩔 줄 모르는 표정이었다. 아빠는 분위기를 바꿔야겠다는 생각으로 분수 이야기를 계속 이어갔다.

"자, 봐. 분모의 크기가 다르면 더할 수가 없어. 크기는 바로 기준이거든. 기준이 다르면 더할 수도, 뺄 수도 없어. 따라서 더하거나 빼려면 기준을 똑같이 만들어야 해. 이제 풀어 봐."

준은 고개를 끄덕였다. 학교에서 통분을 하는 이유를 배웠을 때보다 훨씬 쉽게 이해되었다. 준은 통분을 해서 눈동자의 분수들을 더하기 시작했다.

$$\frac{1}{2} + \frac{1}{4} + \frac{1}{8} + \frac{1}{16} + \frac{1}{32} + \frac{1}{64}$$

$$= \frac{32}{2\times32} + \frac{16}{4\times16} + \frac{8}{8\times8} + \frac{4}{16\times4} + \frac{2}{32\times2} + \frac{1}{64}$$

답은 $\frac{63}{64}$ 이었다.

'그런데 왜 $\frac{63}{64}$ 일까? 왜 모두 더해도 1이 되지 않는 걸까? $\frac{1}{64}$이 왜 부족한 거지? $\frac{1}{64}$은 어디로 간 걸까?'

준은 고개를 갸웃거리며 호루스의 눈을 뚫어져라 보았다.

이집트를 세운 신들

아주 먼 옛날, 세상에는 깊이를 알 수 없을 정도로 깊은 연못 하나만 덩그러니 있었다.

그 깊은 연못 속에서 모든 신들의 아버지 '라'가 태어났다.

짜잔!

라는 세상을 만들기 시작했다.

산도 만들고 바다도 만들었다.

세트는 오시리스의 시체를 산산조각 내 이집트 곳곳에 뿌렸다.

안 돼!

이시스는 오시리스의 몸을 되찾아 다시 조각을 맞추었다.

마침내 죽은 오시리스가 다시 눈을 떴다.

여보, 눈 좀 떠 봐요.

여긴 어디, 난 누구?

여보!

오시리스는 더 이상 산목숨이 아니구나.
죽은 자의 나라로 돌아가야만 하다니……

하지만 결국 오시리스는
죽은 자의 나라로 가서
그곳을 다스리는 왕이 되고 말았다.

Mission 3

신이라는 증거를 찾아라

· 분수의 곱셈과 나눗셈 ·

미션 목표
· 왜 분수를 나눗셈할 때 뒤쪽의 분수를 뒤집어 곱할까?
· 분수의 나눗셈은 왜 값이 커질 수도 있을까?

아빠의 출국 날짜가 갑자기 앞당겨졌다. 엄마는 이렇게 갑자기 가는 법이 어디 있냐며 잔소리를 늘어놓았다. 하지만 아빠는 연구 논문을 쓰는 데 아주 중요한 자료를 찾게 됐다며 부랴부랴 떠날 준비를 했다.

드디어 아빠가 떠나는 날이 왔다.

"준아, 미안해."

아빠는 미안해서 어쩔 줄 몰라 했다.

"괜찮아요."

준은 별로 대수롭지 않다는 듯 대꾸했다.

"다음엔."

"그런 약속, 안 하셔도 돼요."

준은 아빠에게 퉁명스럽게 대꾸하고는 방으로 들어갔다. 엄마가 공항까지 함께 배웅하자고 했지만, 준은 싫다고 딱 잘라 말했다. 아빠는 손목시계를 들여다보고는 비행기를 놓칠지도 모른다며 바쁘게 짐을 옮겼다. 그 사이, 준은 침대에 엎드려 아빠의 짐 꾸러미에서 몰래 빼 온 책을 들여다보고 있었다.

책에는 고대 이집트를 지배했던 신들의 이야기가 쓰여 있는 것 같았다.

"호루스가 태양의 신이라고?"

준은 더 자세한 내용을 알고 싶었지만 그림만 보고서 호루스가 오시리스와 이시스의 아들이고, 오른쪽 눈에는 태양이, 왼쪽 눈에는 달이 들었다는 것말고는 알아낼 수가 없었다. 그도 그럴 것이 그림 말고는 모두 이집트 어로 쓰여 있었던 것이다.

"이럴 줄 알았으면 아빠한테 물어볼 걸 그랬나……."

준은 아쉬워하며 연습장에다가 호루스의 눈을 그렸다. 그것은 보면 볼수록 신비한 그림이었다. 그림 속의 분수 6개를 여러 번 더해 보았지만 $\frac{63}{64}$이 나올 뿐이었다.

'모두 더해도 왜 1이 안 될까? $\frac{1}{64}$이 왜 부족한 걸까?'

준의 머릿속은 어지럽기만 했다.

그때였다. 갑자기 방문이 벌컥 열렸다. 준은 얼른 책과 연습장을 책가방에 넣고 등교를 서둘렀다.

"정말 공항에 같이 안 갈 거니? 엄마가 담임 선생님께 말씀드려 줄게."

엄마였다.

"학교 가야죠……."

"아빠가 서운해 하시겠다."

"만날 있는 일인데요, 뭐."

결국 준과 아빠는 아파트 주차장에서 어색하게 작별 인사를 나누었다. 준은 머리만 꾸뻑 숙이며 '다녀오세요'라고 했고, 아빠도 고개를 끄덕여 보이고는 '잘 있어라'라고만 했다.

준이 서서 엄마의 차가 빠져나가는 것을 지켜보는데, 뒤에서 영재가 나타났다.

"뭐 하냐?"

"방금 아빠가 출장 가셔서 배웅해 드렸어."

"아, 그래? 빨리 와. 학교 늦겠다!"

1교시 컴퓨터 수업이 시작되었다. 준과 영재는 책상 앞에 앉아 컴퓨터를 켰다. 프로그래밍에 몰두한 영재가 키보드를 툭툭 눌러대며 말했다.

"아빠한테 그 괴물에 대해서 여쭤 보긴 했어?"

"아니."

"에이, 그럼 이제 어떡하려고?"

"영재야, 꿈에 나타났던 그 괴물은 세트가 분명해. 고대 이집트의 악의 신 세트. 그 괴물이 왜 내 눈동자를 뽑아 산산조각 내려 했던 걸까?"

준이 혼잣말을 중얼거렸다. 그러자 영재가 키보드를 누르다 말고 준을 쳐다보았다.

"준아, 설마 네가 오시리슨지 뭔지 하는 괴물을 실제로 봤다고 믿는 건 아니겠지? 너, 정말로 그 괴물이 너더러 이상한 말을 했다고 생각하는 거야?"

영재가 큰 소리로 물었다.

"너도 내 말을 못 믿는 거야?"

준이 억울하다는 듯 되물었다.

"말도 안 되는 소리잖아."

"됐어."

준은 신경질적으로 자리에서 벌떡 일어났다.

영재는 당황한 듯 눈만 끔뻑거렸다.

"미안, 난 그냥……."

영재가 준에게 사과하려는 찰나였다. 갑자기 주변의 모든

것이 정지되고 말았다. 마치 영화를 보다가 스톱 버튼을 누른 것처럼 모든 움직임이 멈추었다.

"야, 왜 그래? 장난하는 거지?"

준이 영재를 툭 쳤다. 그러자 영재가 바닥으로 털썩 쓰러지는 게 아닌가. 장난은 아닌 듯했다. 지금 이 순간, 이 공간에서 움직일 수 있는 것은 오로지 준밖에 없었다.

"이게 무슨 일이야."

그때였다. 창밖에 거대한 뭔가가 어른거렸다. 준이 눈을 들어 보니 거대한 눈동자들이 준을 똑바로 보고 있었다. 심장이

 멎을 것처럼 놀란 준은 뒷걸음질 치며 도망치기 시작했다. 순간 눈동자들이 준을 향해 또르르 움직였다.
 도망가던 준은 넘어지면서 엉덩방아를 찧고 말았다. 그때를 놓칠세라 거대한 손이 창문을 뚫고 안으로 꿈틀꿈틀 들어왔다. 손은 준을 휘어잡으려는 듯 허공을 더듬거렸다.
 준은 거대한 손에 붙들리지 않으려고 벽 쪽으로 바싹 달라붙었다. 그러나 손은 곧 준의 몸을 낚아채 버렸다.

"으악! 살려 줘! 으아아악!"

준은 비명을 지르며 몸을 비틀었다.

그런데 거대한 손이 준을 가만히 바닥에 내려놓는 것이었다.

"다…… 당신은 오시리스!"

손의 주인은 거인 오시리스였다.

"그래, 아들아, 이제야 나를 알아보는구나."

"제가 왜 아들이에요? 당신이 내 아빠도 아니잖아요."

준이 용기를 내서 따졌다.

"넌 내 아들, 호루스다. 매의 머리를 가진 하늘의 신, 태양의 신이지. 내가 죽음에서 부활하는 순간, 이시스의 주문으로 네가 태어났지. 넌 전사다! 세트와 싸울 마지막 전사!"

도저히 믿을 수 없는 말들이 거인의 입에서 술술 나왔다.

준의 눈동자가 부르르 떨렸다. 그때였다. 오시리스 옆에 서 있던 또 다른 거인이 준을 내려다보고 있었다. 그 거인은 여자였다. 하늘을 찌를 듯 높이 치솟은 모자를 쓴 여자는 눈 주변이 검었으며, 발목까지 닿은 치마를 입고 있었다.

"이 아이가 정말 우리의 아들, 호루스가 맞단 말인가요?"

여자 거인이 의심스런 목소리로 말했다.

"이시스, 지금은 인간의 몸속에 봉인되어 있어서 이처럼 작

은 소년이지만, 우리 아이가 틀림없소."

그러니까 거인들의 말을 정리하자면, 여자 거인은 준의 엄마이고, 남자 거인은 준의 아빠라는 것이다. 거인들의 말을 믿을 수가 없는 준은 충격적인 표정으로 멍하니 서 있었다.

그 모습을 본 오시리스가 껄껄껄 웃으며 말했다.

"호루스, 너무 당황하지 말지어다. 넌 아직 너의 과거를 기억하지 못하고 네 영혼은 인간의 몸에 갇혀 있는 것일 뿐. 그러나 네 영혼이 깨어난다면 넌 다시 신이 될 것이야!"

오시리스의 목소리가 천둥처럼 쩌렁쩌렁 울렸다.

준은 몸이 찌릿찌릿했다. 전기가 온몸을 휘감고 흐르는 듯했다.

"하지만 난 믿을 수가 없어요. 이 작고 볼품없는 아이가 내 아들이라니! 내 아들, 호루스는 하늘의 신이면서 최고로 용맹한 전사였어요. 그런데 이 아이는 허약하기 그지없잖아요."

이시스는 여전히 준을 믿지 못하는 듯했다.

그 모습을 본 오시리스가 말했다.

"그렇게 믿을 수 없다면 이 아이를 시험해 보시오."

"시험이요?"

"시험을 통과한다면 이 아이는 인간의 몸을 벗고 다시 신으로 태어날 수 있을 것이오."

오시리스는 의미심장한 미소를 지었다.

이시스는 두 팔을 ×자 모양으로 가슴에 올리고 한쪽 발을 바닥에 굴렀다. 그러자 쿵 하는 소리와 함께 지진이 일어난 것처럼 땅바닥이 울렸다.

"어…… 어……."

준은 힘없이 비틀거렸다. 모든 것이 우르르 무너지는 듯한 느낌이 들었다. 눈 깜짝할 사이에 준의 몸은 끝없이 펼쳐진 사막 한가운데로 떨어졌다. 주위를 두리번거리던 준은 다시 뜨거운 불을 내뿜는 화산 속으로 빨려 들어갔다.

"으악!"

화산들 사이로 피라미드들이 줄지어 서 있었다. 하늘에는 태양이 두 개 떠 있고, 주변의 모든 것이 황금빛으로 빛나고 있었다.

준은 피라미드 속에 있었다. 아무래도 다른 세상에 온 것 같았다.

"여, 여기는 어딘가요?"

"이곳은 신들의 세계다. 네가 사는 은하계와는 다른 우주. 그래, 네가 원래 살던 세계이지. 넌 이곳에서 가장 용맹한 신이었다. 하지만 넌 죽임을 당했고, 다른 우주에서 인간의 몸으로 다시 태어났지. 이제 넌 다시 신들의 세계로 돌아와야 한다."

"신이 죽을 수도 있는 건가요? 신은 영원히 살지 않나요?"

"인간은 신을 죽일 수 없다. 하지만 신은 신을 죽일 수 있어. 넌 악의 신에 의해 비참한 죽음을 맞이했어."

오시리스가 슬픈 목소리로 말했다.

이시스는 한쪽 손을 들어 피라미드 벽에 그려진 그림을 가리켰다.

"우리 신들은 수학을 가장 지혜로운 힘이라고 여긴다. 그러니까 수학의 비밀을 깊이 깨달을수록 더욱 강력한 힘을 갖게 돼. 자, 이 문제를 풀어 보아라. 신이 되기 위해 풀어야 할, 가장 기초적인 시험이다."

이시스가 가리킨 벽화에는 분수가 그려져 있었다.

$$\frac{4}{7} \div \frac{2}{7}$$

준은 약간 얼떨떨했지만 가뿐하게 문제를 풀었다. 분수의 나눗셈에는 분모가 같은 진분수의 나눗셈과 분모가 다른 진분수의 나눗셈이 있다는 걸 알고 있었기 때문이다. 준은 신들이 푸는 문제가 생각보다 시시하다는 생각마저 들었다.

"분모가 같은 진분수의 나눗셈은 그다지 어렵지 않아요. 자연수의 나눗셈과 같은 방식으로 하면 되거든요."

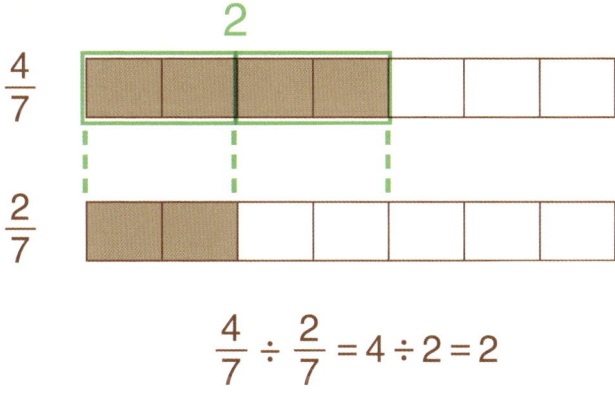

$$\frac{4}{7} \div \frac{2}{7} = 4 \div 2 = 2$$

"이렇게 분모가 같기 때문에 몫을 구할 때 분자끼리만 나누면……."

준이 설명하면서 벽에다 풀이 과정을 썼다.

그러나 이시스의 표정이 조금도 바뀌지 않았다. 이시스는 다시 다른 쪽 벽화를 가리키며 말했다.

"그렇다면 이것을 풀어 보아라."

$$\frac{3}{5} \div \frac{5}{8}$$

"이번 문제도 어렵지 않네요. 분수의 나눗셈은 분수의 곱셈으로 바꿔서 계산해야 해요. 이때 역수를 써야 하죠. 역수는 분자와 분모의 위치를 서로 바꾼 수를 말해요."

$$\frac{5}{8} \text{의 역수는 } \frac{8}{5}$$

$$\text{그러므로 } \frac{3}{5} \div \frac{5}{8} = \frac{3}{5} \times \frac{8}{5} = \frac{24}{25}$$

준은 이시스에게 겨우 이런 문제가 신이 푸는 시험 문제냐고 되물었다.

"이것들은 진짜 시험 문제가 아니다. 분수를 나눗셈할 때, 뒤쪽의 분수를 역수로 만들어 곱하는 이유가 무엇인지 알아내는 게 네가 풀어야 할 시험 문제다. 신은 한 가지 원리를 이용해 천 가지 능력을 발휘하는 존재이므로 원리를 반드시 알아야만 한다."

"그건…… 그러니까……."

준은 당황하기 시작했다. 그러나 포기할 수는 없었다. 만약 포기한다면 어떤 일이 벌어질지 모르기 때문이었다. 뜨거운 태양빛이 두려움으로 가득한 준의 눈을 향해 강렬하게 쏟아져

내렸다.

'정신을 집중하자!'

그러자 준의 몸에서 생각지도 못했던 에너지가 솟구치는 듯했다. 준은 반쯤 정신이 나간 것 같은 얼굴로 수학 문제를 마구 풀기 시작했다.

"이거예요! 원리는 바로 여기에 있어요!"

$$\frac{3}{5} \div \frac{5}{8} = \frac{3 \times 8}{5 \times 8} \div \frac{5 \times 5}{8 \times 5} = \frac{24}{40} \div \frac{25}{40}$$

"$\frac{1}{40}$을 1이라고 생각해 보세요. 그러면 $\frac{24}{1} \div \frac{25}{1}$와 같아져요."

$$\frac{24}{1} \div \frac{25}{1} = 24 \div 25 = \frac{24}{25} = \frac{3 \times 8}{5 \times 5} = \frac{3}{5} \times \frac{8}{5}$$

"결국 $\frac{3}{5} \div \frac{5}{8}$는 $\frac{3}{5} \times \frac{8}{5}$과 같아져요. 그래서 분수를 나눗셈할 때 뒤쪽의 분수를 역수로 바꿔서 곱하는 거예요!"

오시리스는 "허허허!" 웃으면서 수염을 찬찬히 쓰다듬었다.

이시스는 약간 놀란 눈빛이었지만 다시 차가운 표정으로 돌아왔다.

"이제 두 번째 시험 문제다. 나눗셈을 하면 값이 커지느냐, 작아지느냐?"

"작아져요. $2 \div 10 = \frac{2}{10} = 0.2$이니까요."

"그래, 인간들은 보통 나눗셈을 하면 값이 작아진다고 생각하지. 하지만 분수의 세계에서는 다르다. 예를 들어 보지.

$3 \div \frac{1}{2} = 6$이 나온다. 3을 반으로 나누었는데 큰 수가 나왔다. $\frac{2}{3} \div \frac{1}{6} = 4$가 나온다. 진분수를 진분수로 나누었는데, 값이 큰 자연수가 나왔다. 이상하지 않은가? 왜 분수를 나눗셈하면 값이 커질 수도 있을까? 이것이 네가 알아내야 할 두 번째 시험 문제다."

준은 어깨를 움츠렸다. 이글거리는 태양이 준을 위협하는 것처럼 훅 하고 열을 뿜어 냈다.

'마음을 가다듬고 문제를 풀어 보자.'

준은 원리가 무엇일지 생각해 보았다. 갑자기 가슴 밑바닥에서 에너지가 폭발하는 것 같았다. 그것은 태어나서 처음 겪어 보는 느낌이었다. 준은 벽에 그림을 그리기 시작했다.

준은 먼저 $3 \div \frac{1}{2}$이란 게 무슨 뜻인지 생각했다. 그것은 바로 '3 안에 $\frac{1}{2}$이 몇 개 들어 있을까?'라는 뜻이었다. 3 안에는 $\frac{1}{2}$이 6개 들어 있었다. 그래서 답이 6으로 커지는 것이었다.

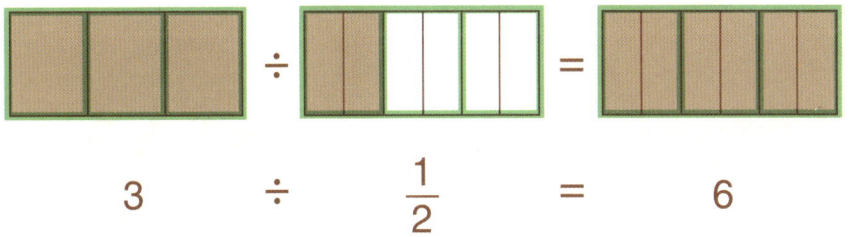

준은 이번에 $\frac{2}{3} \div \frac{1}{6}$을 풀어 보았다. $\frac{2}{3} \div \frac{1}{6}$이란 '$\frac{2}{3}$ 안에 $\frac{1}{6}$이 몇 개가 들어 있을까?'라는 뜻이었다. $\frac{2}{3}$ 안에 $\frac{1}{6}$이 4개 들어 있었다. 그래서 답이 4가 된 것이었다.

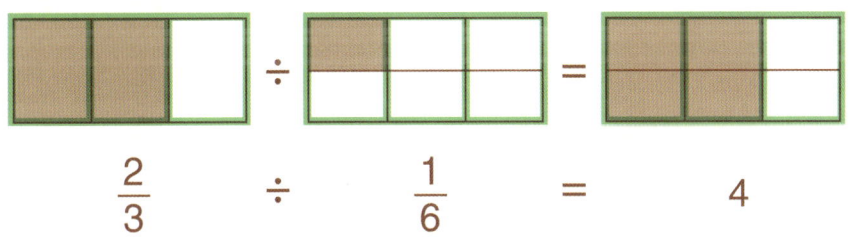

"아! 알아냈어요!"

준이 외치자, 준을 위협하던 태양이 사르륵 사라졌다.

동시에 오시리스와 이시스가 놀란 얼굴로 준을 바라보았다. 그 눈빛에는 대견함이 가득했다.

호루스의 탄생

하지만 싸움은 쉽지 않았다.

이 새파란 애송이 같은 녀석! 네놈이 감히 나를 공격하다니!

호루스와 세트의 전쟁은 무려 80년 동안 계속되었다.

어느 날, 세트에게 공격당한 호루스는 왼쪽 눈을 뺏기고 말았다.

으윽!!

세트는 호루스의 왼쪽 눈을 빼서 6조각을 낸 후, 이집트 전 지역에 뿌려 버렸다.

비록 한쪽 눈을 빼앗겼지만, 호루스는 포기하지 않고 세트를 공격했다.

세트, 네 이놈!! 내 칼을 받아라!

마침내 호루스는 세트를 내쫓고 이집트를 되찾게 되었다.

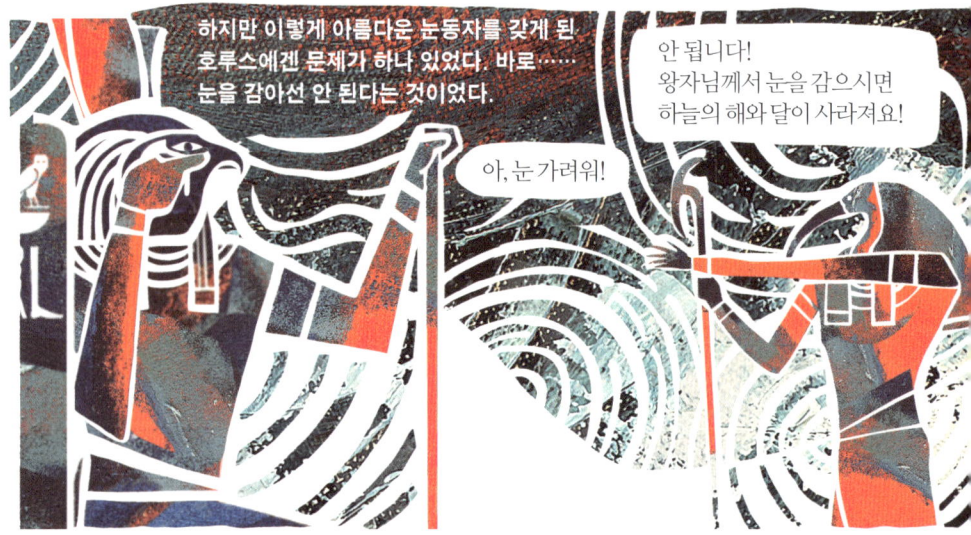

Mission 4

악의 신, 세트의 공격을 막아라

· 소수의 자릿수 ·

미션 목표

소수를 곱셈할 때 왜 소수점 이하 개수만큼 소수점을 옮길까?

준은 꿈을 꾸고 있는 것만 같았다. 갑자기 이집트를 다스리던 신들이 나타나 자신을 이상한 세계로 끌고 오고, 게다가 자신더러 신이었다며 떠들다니! 준은 빨리 악몽에서 깨고 싶었다.

'엄마는 나를 왜 깨우시지 않는 거지? 학교 갈 시간이 된 것 같은데……'

하지만 아무리 발버둥 쳐도 준의 몸은 이상한 공간에 사로잡혀 있을 뿐이었다. 준은 주위를 둘러보았다. 사방이 고요하고 어두웠다. 피라미드의 창문 틈 사이로 짙은 어둠이 흘러들어 오는 듯했다. 준은 물끄러미 밖을 바라보았다. 그런데 갑자기 하늘이 우르르 진동하더니 다섯 개의 보름달이 하나씩 떠올랐다. 그리고 멀리 땅 끝에서 거대한 화산이 꿈틀거리며 불을 내

뿜는 것이었다.

쿠앙, 쿠앙, 쿠앙!

화산에서 뜨거운 불덩어리가 솟구쳐 땅으로 흘러내렸다. 준의 발끝이 찌릿찌릿 저려 왔다. 말로 표현할 수 없는 두려움이 온몸을 타고 흘렀다.

'이곳은 대체 어디일까? 나는 왜 이곳에 와 있는 걸까?'

준은 누구에게든 살려 달라고 외치고 싶었다. 그러나 피라미드 속에 갇힌 준을 어느 누가 발견할 리 없었다. 게다가 준이 아무리 소리쳐 보았자 두꺼운 벽돌에 가로막혀 전달 안 될 게

뻔했다. 준은 마치 길을 잃은 어린아이처럼 바닥에 주저앉은 채 울기 시작했다.

"엄마, 아빠…… 무서워요! 나 좀 데려가 줘요."

그러자 오시리스가 준에게 말했다.

"나의 아들아, 이곳은 신들의 세계다. 너를 도와주러 올 인간은 아무도 없다."

준은 오시리스를 바라보며 마음속으로 중얼거렸다.

'저 괴물은 나한테 왜 이러지? 저렇게 무시무시한 여신이 내 엄마이고, 죽은 자의 세계를 다스린다는 신이 아빠라니, 말도 안 되는 얘기잖아!'

그러자 오시리스는 다 안다는 듯 입가에 미소를 지었다.

"그래, 네가 날 아버지로 받아들이기 힘들겠지. 너는 무척 오랫동안 평범한 인간의 몸속에 갇혀 지내서 예전의 기억을 모두 잊은 것이다."

'헉! 내 속마음을 읽고 있는 거야?'

"그래, 나는 지금 네 눈을 통해 네 마음을 읽고 있다. 의심하지 마라, 아들아. 나는 널 찾기 위해 4만 3204개의 우주를 헤맸다. 이제야 겨우 그리던 아들을 만났는데, 괴물이란 소리를 들으면 내 기분이 어떻겠느냐? 더 이상 이 애비를 속상하게 하지

말거라."

'윽!'

준은 눈을 질끈 감고 떨리는 목소리로 물었다.

"지금 말도 안 되는 소리를 하고 계신 건 그쪽이잖아요. 세상에 우주가 그렇게 많을 리 있겠어요? 우주의 개수가 4만 3000개가 넘는다는 게……."

준이 말끝을 흐렸다.

언젠가 아빠가 식탁에 앉아 이야기하던 게 떠올랐기 때문이다. 아빠는 영어로 된 물리학 책을 읽으면서 과학자들이 밝혀낸 은하의 개수가 1500억 개이고, 새롭게 발견한 행성의 수만 해도 무려 1742개라고 했다.

그때 준은 깜짝 놀라 우주의 개수가 정말 그렇게 많은 거냐고 되물었다.

"그래도 믿을 수 없어요. 지구에서 화성까지 가는 데도 1년 가까이 걸리는데, 그 많은 수의 우주를 다 찾아다녔다는 게 맞기나 해요?"

준은 고개를 세차게 저으며 소리쳤다.

"우리는 5차원을 오가는 능력을 가졌기 때문에 다른 우주로 갈 수 있다."

"당신들은 대체 뭐예요? 외계인인가요? 아니면 신인가요?"

"너와 나는 원래 다른 외계에서 온 존재였다. 지구에 잠깐 머무르는 동안 사람들이 우릴 신으로 추대하게 된 거란다."

"우리가 외계인이라면 어째서 이집트 신화에 나오게 됐죠?"

준은 두려움도 잊은 채 궁금한 것들을 물었다.

"그건 우리가 이집트 인들에게 문명을 가르쳐 주었기 때문이다. 우리가 처음 지구에 왔을 무렵, 나일 강이 흐르는 고대 이집트는 비옥한 땅이라서 많은 사람들이 모여 살고 있었다. 하지만 그들은 수학도, 과학도 몰랐지. 오로지 동물처럼 살아가는 존재였다."

"아!"

준은 사회 시간에 배웠던 원시인들의 삶이 떠올랐다. 아주 먼 옛날, 사람들은 강가에 집을 짓고 수렵 생활을 하며 살았다고 한다.

"우리는 미개한 인간들에게 수학을 가르치고, 수학을 통해 세계를 바꾸는 능력을 키워 주었다. 프로메테우스가 인간에게 불을 가져다 주었던 것처럼 우리는 수학을 알려 준 거다. 그러자 이집트 인들이 우리를 신으로 모신 것이지."

오시리스의 말이 끝나기가 무섭게 누군가가 말을 뒤이었다. 이시스 여신이었다.

'만약 저 신들의 말이 사실이라면 무서운 이시스 여신이 내 엄마라는 거잖아.'

준은 낯선 이시스를 어색한 눈길로 바라보았다.

이시스는 준과 눈이 마주치자, 딱딱하게 굳은 표정으로 고개를 획 돌려 버렸다. 찬바람이 휭 하니 불 정도로 차가웠다.

"으음......."

준은 어색한 나머지 고개를 숙이고 말았다.

그때 이시스가 입을 열었다.

"아직 네 몸에 변화가 없느냐?"

"무슨 변화요?"

"넌 두 가지 수학 원리를 깨우치지 않았느냐? 그것이 네가 잃어버렸던 신의 능력을 회복시켜 줬을 텐데."

"제가 잃어버린 신의 능력을 되찾게 된다고요?"

준이 믿을 수 없다는 얼굴로 오시리스와 이시스를 번갈아 쳐다보았다.

'내가 진짜 저 신들의 아들이면 어떻게 되는 거지? ······난 신이고 뭐고 다 싫은데.'

솔직히 준은 신이 되고 싶은 생각이 눈곱만큼도 없었다. 그저 이 상황에서 빨리 벗어나고 싶다는 생각뿐이었다.

"저는 언제쯤 돌아갈 수 있나요? 이제 그만 이 이상한 세계에서 벗어나 집으로 가고 싶어요."

준은 사랑하는 엄마, 아빠와 친구들을 영영 볼 수 없을지도 모른다는 생각이 들자 눈물이 흘렀다.

준이 눈물을 글썽거리자, 이시스는 실망한 표정으로 아랫입술을 깨물었다.

"여보, 이 아이를 그만 돌려보내요."

이시스는 모든 걸 포기하고 싶다는 듯 말했다.

"기다려 봅시다. 이 아이는 자신이 인간이라고 생각하고 있소. 그런 아이에게 닦달하기보다 신의 능력을 차근차근 가르쳐 주어야 하오."

오시리스가 이시스를 위로하더니 한쪽 벽에 손바닥을 갖다 댔다. 그러자 벽에서 돌가루가 떨어지더니 벽에 무엇인가가 나타났다. 그것은 작은 점이었다.

"아들아, 넌 지난번에 분수의 비밀을 알아냈다. 혹시 분수와 가장 비슷한 수가 무슨 수인지 아느냐?"

준은 대답하지 못했다.

"오래전부터 신들은 이런 고민을 했다. 1보다 작은 수를 어떻게 써야 할까? 그래서 만들어 낸 수가 바로 분수였고, 또 다른 하나가 소수다."

그러자 벽에 새겨진 작은 점 양쪽에 두 개의 수가 스르륵 나타났다.

"9와 7 사이에 있는 이 소수점을 보거라. 이 소수점은 1보다 큰 부분과 1보다 작은 부분을 구분해 준단다."

"아, 그런 뜻이었구나."

준이 자기도 모르게 중얼거렸다. 지금까지 소수점을 알고 있었지만, 소수점이 그런 역할을 하는지는 잘 알지 못했다.

"뭔가 느껴지는 게 있느냐?"

이시스가 물었다.

"아니요, 그보다 궁금한 게 있는데……."

준이 기어들어 가는 목소리로 이시스의 눈치를 살폈다.

이시스가 말해 보라는 듯 고개를 끄덕였다.

"제가 이 원리들을 다 알아내면 집으로 보내 주시나요?"

오시리스가 다시 입을 열었다.

"그렇게 집으로 돌아가고 싶으냐?"

"네, 저는 신이고 뭐고 관심 없어요. 그냥 집으로 돌아가고 싶어요. 가서 엄마, 아빠랑…….."

준은 말을 하다가 입을 꾹 다물었다. 이시스의 눈빛이 몹시 슬퍼 보였기 때문이었다.

오시리스가 하는 수 없다는 듯 말했다.

"아들아, 네가 원하는 대로 해 주마. 그 전에 이 말을 들어 보렴. 분수와 소수는 닮은 수다. 그래서 분수는 소수로, 소수는 분수로 바꿀 수 있다."

다시 벽에 새로운 수가 나타났다.

"잘 살펴보렴. 분수와 소수 사이에 어떤 공통점이 있는지 알

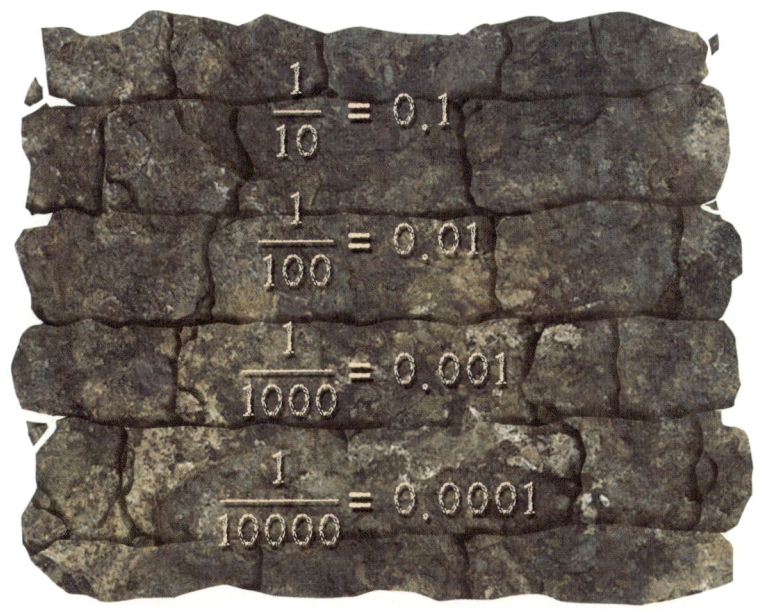

겠느냐?"

"0의 개수가 같아요!"

준이 소리쳤다.

"그렇지! 그것이 바로 분수와 소수가 닮은 점이다."

이시스가 답답해서 못 참겠다는 듯이 나섰다.

"여보, 그렇게 쉬운 수학 원리를 가르쳐서 언제 신의 능력을 키워 줄 수 있겠어요?"

이시스가 옆에 있는 등불을 손바닥으로 쥐더니 허공으로 던졌다. 그러자 허공에 불로 만들어진 숫자가 나타났다. 소수와 분수들이 허공에서 훨훨 타올랐다.

"소수의 곱셈은 분수처럼 복잡하지 않다. 자연수를 곱하듯

$$\frac{49.2 \times 9.51}{?} = \frac{492 \times 951}{467892} = \frac{49.2 \times 9.51}{467.892}$$

이 곱하면 되니까. 하지만 한 가지 주의할 점이 있지."

"알아요. 소수점의 위치를 정확하게 잘 찍어야 하는 거요."

준이 자신 있게 말했다.

하지만 이시스는 냉정한 표정으로 고개를 끄덕일 뿐이었다.

준은 이시스가 칭찬할 줄 알았는데, 오히려 더 싸늘한 표정으로 자신을 바라보자 크게 실망했다.

"그 정도는 누구나 알 수 있는 거다. 소수점을 잘 찍으려면, 먼저 곱셈을 하는 두 수에서 소수점 이하의 수가 몇 개인지 세야 한다. 그리고 그 개수만큼 소수점을 옮기면 돼. 그런데 왜 소수점 이하 수의 개수만큼 소수점을 옮겨 줄까? 그 이유를 알고 있니?"

이시스는 준에게 지금까지 한 번도 생각해 보지 못한 질문을 던졌다.

놀란 준은 딸꾹질을 하고 말았다.

"그것도 모른단 말이냐?"

이시스의 말이 준의 가슴을 쿡 파고들었다.

준은 끝내 소수와 분수의 다른 점을 찾아내지 못했다.

그러자 이시스가 실망스럽다는 듯 말했다.

"소수는 분수를 더 편리하게 계산하기 위해 만든 수이다. 소수는 분수보다 무려 3000년 뒤에 만들어졌지. 그래서 분수와 소수는 비슷한 데가 많지만 다른 점도 많다."

"예를 들면요?"

"분수는 분수끼리 계산하거나 크기를 비교할 때 분모를 같게 만들어야 한다. 하지만 소수는 그럴 필요가 없다. 또 분수는 물건을 나눌 때 편리하게 사용할 수 있다. 하지만 소수는 무게나 양, 길이를 재는 데 편리하지."

"아, 정말 그렇겠네요."

준이 무릎을 탁 치자, 이시스는 한심하다는 듯 혀를 찼다.

"오시리스, 이것 보세요. 이 아이는 보잘것없는 인간일 뿐이에요. 우리의 자랑스러운 아들이 아니라고요."

"여보."

"싫어요. 전 이 아이가 내 아들이란 걸 인정할 수 없어요."

그러자 오시리스가 귀를 틀어막고 지루한 표정으로 하품을 했다. 이시스는 그런 남편이 못마땅해 잔소리를 하려고 했다.

"여보!"

"어이쿠, 밤이 이렇게나 깊었군. 나는 잠시 지하 세계에 다녀와야겠소."

오시리스는 말 한마디만 남기고 안개처럼 스윽 사라졌다.

"잠깐만, 여보!"

이시스는 눈을 부릅뜨더니, 오시리스가 사라진 쪽을 향해 몸을 날렸다. 그러자 순식간에 둘의 모습이 연기처럼 흔적도 없이 사라지고 말았다.

준은 횃불 하나에 의지한 채 홀로 앉아서 벽을 바라보았다.

'정말로 내가 집에 돌아갈 수는 있을까?'

준의 눈가에서 눈물이 쏟아지기 시작했다.

몇 시간 전까지만 해도 왁자지껄한 교실에서 아이들과 떠들고 있었는데, 이런 이상한 곳으로 납치되어 오다니. 준은 정말 믿기지 않았다.

'지금쯤 엄마랑 아빠가 날 엄청 찾고 계시겠지? 친구들도 그럴 테고…….'

그때였다.

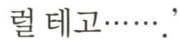

지진이 일어난 것처럼 갑자기 피라미드가 흔들리기 시작했다. 피라미드 위쪽에서 쾅쾅 하는 강한 충격이 전해졌다. 준은 흔들리는 바닥을 붙잡고 몸을 일

으켰다. 순간, 피라미드를 이루고 있던 거대한 돌덩이들이 먼지처럼 산산조각 나면서 바닥으로 떨어졌다.

"윽!"

준은 얼른 두 손으로 머리를 감싸 쥐었다. 그때 뻥 뚫린 밤하늘에 뭔가 어른거렸다. 그것은 새카만 머리, 날카로운 두 눈동자, 학의 부리처럼 긴 주둥이에 사람의 몸을 한 괴물이었다. 얼핏 보기에는 개나 여우처럼 보였지만, 자세히 보면 새의 부리처럼 길고 뾰족한 입을 가진 괴물. 그것은 바로 준의 꿈속에서 눈을 뽑아 가려 했던 세트 신이었다.

"네…… 네가 어떻게!"

준이 공포에 질린 목소리로 중얼거렸다.

세트는 한쪽 입꼬리를 올리며 얼음 같은 미소를 지었다.

"흥, 호루스를 찾았다더니 고작 이따위 꼬마를 데려온 건가? 오시리스 녀석, 정신이 어떻게 됐나 보군."

준은 심장이 얼어붙는 것만 같은 두려움에 움찔했다.

세트는 성큼성큼 다가와 준의 목덜미를 한 손으로 꽉 움켜쥐었다.

"컥, 커억!"

준은 숨이 막혔다. 꿈속에서 그랬듯이 세트가 자신의 눈동자를 뽑아 죽일 것만 같았다.

"네 입으로 말해 보아라. 너는 누구냐? 네가 진정 호루스였더냐?"

"아니에요. 저, 저는 준이에요."

"준?"

"저는 평범한 초등학생이에요. 아무 잘못도 저지르지 않았어요. 살려 주세요, 제발!"

준이 간절하게 소리치자, 세트가 깔깔거리며 웃기 시작했다.

"크크크, 오시리스 녀석! 다급한 나머지 이런 말도 안 되는 지구인 꼬마를 데려온 모양이로군. 네가 누구든 상관없다. 오시리스가 네게 관심을 가졌다는 것만으로도 너는 죽어 마땅해!"

세트가 손을 높이 치켜들었다.

놀란 준이 몸을 날려 잽싸게 피했다. 그러자 세트가 입에서 뜨거운 불덩이를 토해 냈다. 준은 피해야겠다는 생각을 끝내기도 전에 몸을 날렸다. 자신도 놀랄 만큼 대단한 반사 신경이었다.

'내가 운동을 이렇게 잘했나?'

준이 속으로 이런 생각을 하고 있는데, 세트가 약이 바짝 오른 목소리로 고래고래 고함을 질렀다.

"이놈, 감히 내 공격을 피했겠다!"

세트는 마지막 일격을 가하려는 듯, 힘을 한데 모으더니 있는 힘껏 손을 치켜올렸다.

'왼쪽이다!'

준은 자기도 모르게 오른쪽으로 몸을 날렸다. 예상대로 세트의 공격은 왼쪽을 향해 날아왔다.

"이놈, 정체가 무엇이냐?"

"나…… 나는……."

갑자기 준의 가슴이 뜨겁게 달아올랐다.

"헉, 뜨거워서 숨을 쉴 수가 없어."

준은 가슴을 움켜쥐고 신음했다.

그 사이 세트가 준을 향해 불덩이를 토해 냈다.

"으악!"

준은 그 불덩이를 피하지 못하고 정면으로 맞았다. 준의 몸에 수백 만 볼트의 전기가 통하는 듯 찌릿한 고통이 느껴졌다. 준이 온몸을 비틀며 괴로워하자, 세트가 비열하게 웃었다.

"그럼 그렇지, 운이 좋아서 내 공격을 피했던 거야."

그 순간, 갑자기 준의 뒤통수에서 눈부신 빛이 솟구치기 시작했다. 빛은 머리 전체로 번지더니 준의 눈동자에서 광선처럼 뿜어져 나왔다.

"으아아악!"

세트는 광선을 맞더니 준을 바닥에 던져 버렸다. 털썩 하고 준은 바닥에 떨어졌다. 준은 온몸에서 광선이 마구 뿜어져 나왔다. 당장이라도 몸이 폭발해 버릴 것만 같았다.

"이게 대체 무슨 일이야?"

세트는 얼굴을 일그러뜨리며 밤하늘을 향해 휙 날아올랐다. 이윽고 세트의 모습이 순식간에 사라졌다.

바닥으로 곤두박질친 준은 부르르 몸을 떨면서 바닥에 떨어진 분필을 쥐었다. 자기도 모르게 수많은 숫자들이 머릿속에 회오리를 일으키며 요동치는 것이 느껴졌다.

준은 가녀리게 신음했다.

"알아……냈어. 소수 곱셈의 비밀을……."

신들의 심판

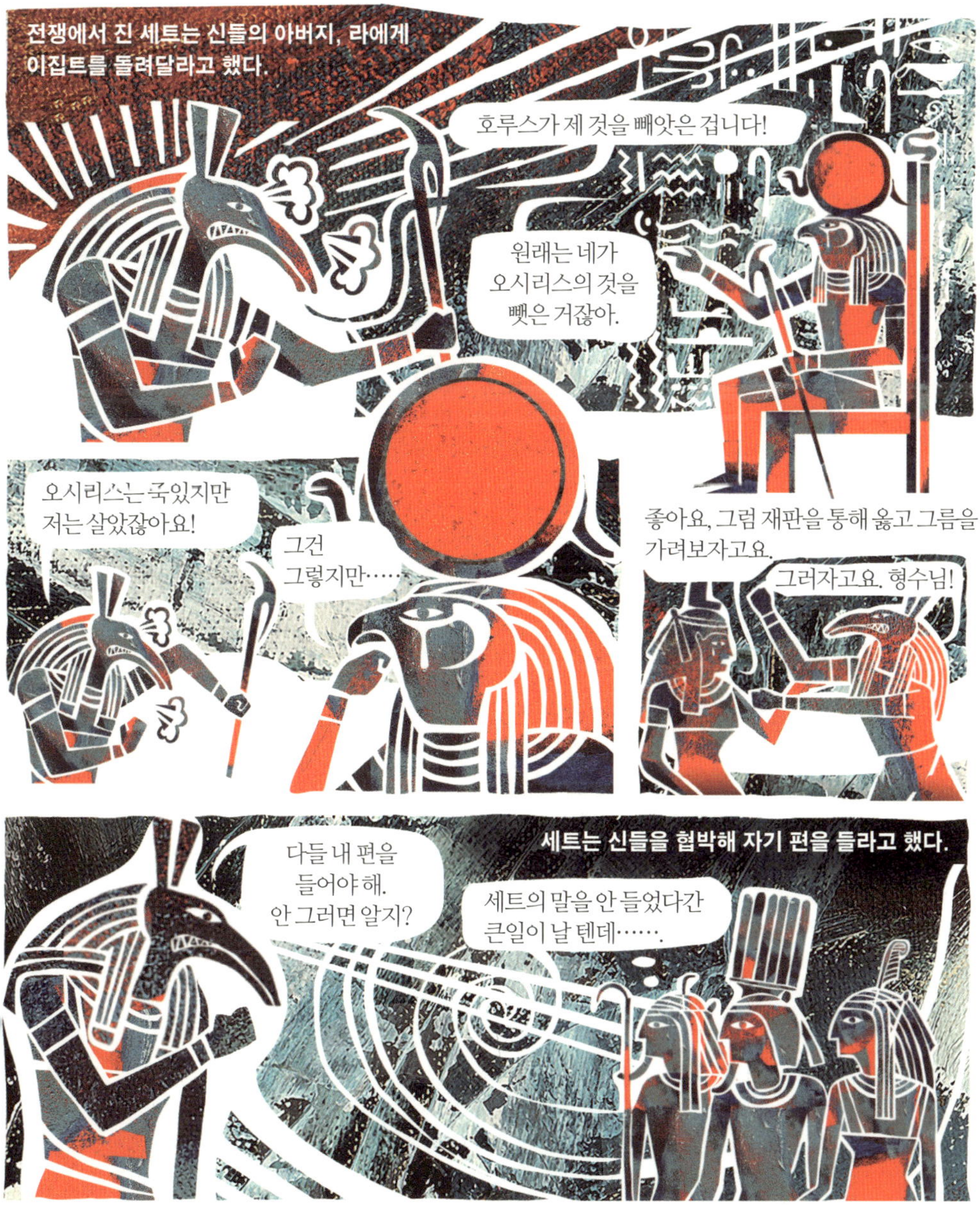

음, 네가 한 말은 지켜야지.

세상에 이런 법이 어디 있어요!

하지만 신의 말은 한번 내뱉으면 주워 담을 수가 없었다.

결국 세트는 신들의 재판에서 지고 말았다.

다들 가만두지 않겠어!

세트도 무섭지만 오시리스랑 이시스는 더 무서워.

그러게 누가 말 실수를 하랬나.

앞으로 호루스는 태양의 신이 되어 이집트를 다스리도록 한다.

라 신은 오시리스에게 죽은 자의 나라를 다스리도록 하고, 세트에게 폭풍과 바람의 신이 되어 죽은 자의 나라로 가는 길을 다스리도록 했다.

안 돼! 억울해!

Mission 5

독수리 머리로 변신해라

· 소수와 분수의 연산 ·

미션 목표
소수와 분수의 계산은
어떻게 해야 할까?

콰르릉 쾅! 쿠쾅 콰쾅!

사방이 활활 불타올랐다. 순간 뜨거운 열기를 견디지 못한 피라미드가 폭발하고 말았다. 거대한 피라미드의 바위들이 산산조각 나자 여기저기로 파편이 튀었다. 파편은 땅에 떨어지기가 무섭게 바닥에 커다란 구멍을 낼 정도로 거대했다.

"윽!"

준은 떨어지는 돌 파편을 피하려다가 불길에 휩싸이고 말았다. 준은 불구덩이에서 벗어나려고 발버둥을 쳤지만, 불길은 좀처럼 수그러들 줄 몰랐다.

"으악, 뜨거워!"

그런데 이글거리는 불길보다 더 뜨거운 것이 있었다. 바로 준의 가슴속이었다. 준은 가슴을 쿵쿵 쳤지만 몸은 계속 뜨거

워졌다.

"누가 날 좀…… 도와……."

준은 허공으로 손을 뻗다가 풀썩 쓰러지고 말았다. 바로 그때 어디선가 얼음처럼 차가운 기운이 느껴졌다. 그 기운은 준의 몸 전체를 쓸어내렸다.

'시원하다……!'

그것은 오시리스의 손바닥에서 나오는 차가운 기운이었다.

준은 온몸을 녹일 것처럼 뜨거웠던 기운이 사라지는 것을 느꼈다.

"정신이 좀 드느냐?"

준은 눈을 떴다.

"여긴 어디죠? 제가 아직 살아 있는 건가요?"

"네 몸에 어마어마한 에너지가 숨어 있더구나. 핵폭탄만큼이나 강한 에너지였다. 이 작은 몸속에 그런 에너지를 숨기고 지내야 했으니 얼마나 힘들었느냐?"

"에너지라니요?"

준은 손바닥을 펼쳐 보았다. 그러자 뜨거운 기운이 다시 일어났다. 준은 너무 놀라 주먹을 얼른 쥐고 움찔 물러섰다.

"조심해야 한다. 지금은 내 힘으로 네 에너지를 눌러 두었지만, 언제 다시 그것이 일어날지 모른다. 넌 아직 에너지를 조절할 줄 모르니까 자칫하면 온몸이 타 버리고 말 거다."

"네?"

오시리스의 말은 거짓말 같지는 않았다.

준은 주먹을 꽉 쥐고 애써 에너지를 누르면서 주위를 두리번거렸다. 거대한 돌조각들이 땅에 듬성듬성 박혀 있는 것이 보였다. 방금 전 일어난 일이 꿈이 아닌 게 틀림없었다. 준은 두려움에 가득 찬 눈으로 오시리스를 바라보았다.

"저는 이제 어떻게 되는 거예요? 집으로 돌아갈 수는 있나요?"

그러자 오시리스가 굳은 표정으로 고개를 저었다.

"집으로 돌아가고 싶다면 그건 네 힘으로 해내야 한다. 네 몸 속의 에너지를 다루는 능력을 키운다면 넌 신이 될 수 있다. 그리고 지구뿐만 아니라 다른 어떤 우주로도 갈 수 있을 것이다."

"그 능력은 어떻게 키울 수 있나요?"

"그 능력을 키우려면 지옥으로 가야만 한다. 단, 네가 신에 가까워질수록 네 모습은 변할 것이다. 인간의 모습에서 점점 다른 모습으로 변하게 될 거다."

준은 망설였다. 자신의 모습이 변하게 된다는 것도 두려웠고, 지옥에 가야 한다는 것도 끔찍했다. 하지만 가슴속에서 들 끓고 있는 이 에너지를 잠재우고 싶다는 생각은 간절했다. 준은 손바닥을 펼칠 때마다 불쑥 튀어나오는 뜨거운 열기 때문에 괴로워 견딜 수가 없었던 것이다.

"준비됐느냐?"

"저, 저는……."

준이 망설이고 있자, 오시리스가 지팡이로 바닥을 쿵 내리쳤다. 그러자 준이 연기처럼 지하로 빨려 내려갔다.

눈 깜짝할 사이에 준은 음침하고 깊은 동굴 안에 서 있었다. 동굴 안은 앞을 볼 수 없을 정도로 어두컴컴했고, 축축

하고 눅눅한 공기로 가득했다.

"이곳이 지하 세계인가요?"

"이곳은 나의 세계, 내가 다스리는 지옥이지. 나는 이곳에서 죽은 자들을 심판한다."

오시리스의 말이 끝나기 무섭게, 안개처럼 뿌연 무언가가 부스스 바닥에서 일어났다. 형체가 또렷하지는 않았지만 눈, 코, 입을 가진 사람은 분명했다.

"저, 저건!"

"죽은 자의 영혼이다."

오시리스가 지팡이를 휘둘렀다. 그러자 곳곳에서 영혼들이 천천히 일어나더니 한목소리로 노래하기 시작했다. 등골이 오싹할 정도로 음침한 노래였다.

너는 어디로 가느냐
나는 어디서 오느냐
죽는다고 끝나는 게 아니지
우리는 지하 세계에서 살아간다네
에헤디야 라라~
오시리스 님, 우리를 지켜 주소서!

노래가 끝나자 갑자기 바닥에서 해골들이 튀어나왔다. 해골들은 턱을 딱딱거리며 준에게 뭔가를 말하려는 듯했다. 겁에 질린 준이 뒤로 물러섰다. 그러자 해골들이 준을 에워싸고 서서히 다가오기 시작했다.

"가, 가까이 오지 마!"

준이 황급히 손바닥을 펼치자 뜨거운 불기둥이 솟구쳤다. 해골들이 순식간에 산산조각 나 모래알처럼 흩어지고 말았다.

"앗!"

해골들이 서 있던 자리에 연기 같은 하얀 김이 너울너울 피어올랐다.

"어떡해요!"

"이자들은 지옥의 가장 밑바닥에 사는 악령이란다. 죽은 자들 중에는 선한 혼령도 있지만, 악한 혼령도 있지. 악한 혼령은 처참한 모습의 악령으로 변해 저주를 뿌리고 다닌다."

"제가 저들을 해친 건가요?"

"너를 만만하게 보고 공격하려다가 당한 것이니 자업자득이지."

"아······."

준의 입에서 낮은 신음이 새어 나왔다.

"서둘러 날 따라오너라."

오시리스가 성큼 동굴 안으로 걸어 들어갔다. 준은 몸을 잔뜩 움츠린 채 오시리스의 뒤를 쫓았다. 얼마나 걸었을까.

준과 오시리스는 거대한 바위 앞에 이르렀다.

옴 사나바 아반다 얀마 사나바야 할라
옴 사나바 아반다 얀마 사나바야 할라

오시리스가 이상한 주문을 외우자, 거대한 바위들이 스르르 움직이더니 빛으로 가득 찬 동굴이 모습을 드러냈다.

"이곳은 지혜의 동굴이다. 너는 이곳에서 에너지를 조절하는 능력을 키워야 한다."

"어, 어떻게요?"

"그건 네가 해결해야 할 몫이다. 한 가지만 명심하라. 만약 능력을 키우지 못한다면 넌 지하 세계에서 살게 될 것이다. 도중에 도망친다면 악령들이 너를 가만두지 않을 테지."

"네?"

준이 되묻기도 전에 오시리스의 몸이 스르륵 사라졌다.

놀란 준은 얼른 출구 쪽을 바라보았다. 순식간에 바위들이 스르르 움직이더니 입구를 가로막고 말았다. 준은 꼼짝없이 동굴 안에 갇히고 말았다.

"오, 오시리스 님!"

준은 동굴 벽을 두드리며 오시리스를 애타게 불렀다. 하지만 아무런 소리도 들려오지 않았다.

준은 몸을 움츠린 채 동굴 벽에 기대어 앉았다.

"집에 가고 싶어……."

금방이라도 울음이 터져 나올 것만 같은 순간이었다. 그런데 어디선가 희미한 소리가 들려왔다. 준은 귀를 기울이며 소리가 나는 쪽을 찾으려고 정신을 가다듬었다.

똑, 똑.

희미하게 들려오는 것은 바로 물방울 소리였다. 준은 귀를 곤두세우고 소리가 나는 쪽으로 걸어갔다. 그러자 곧 바닥에 물이 고여 있는 웅덩이가 나타났다. 준은 손을 뻗어 웅덩이의 물을 움켜쥐었다.

퍼억!

물속에서 눈이 부실 만큼 강한 빛이 뿜어져 나왔다. 그 빛은 허공으로 솟구치더니 다시 바닥으로 튕겼다가 탁구공처럼 벽과 벽 사이를 튕겨 나갔다.

"아이고, 아파라."

빛이 출렁거리더니 가느다랗게 신음했다.

준의 눈이 휘둥그레졌다.

"안녕, 나는 지혜의 신 토트야."

빛은 작은 공처럼 똘똘 뭉쳐지더니 허공을 둥둥 떠다니기 시작했다. 빛은 준의 주변을 뱅글뱅글 맴돌면서 말했다.

"넌 오시리스의 아들이지?"

"아…… 아니요. 전 준이에요. 독고준."

"이상하군. 그럴 리가 없는데."

빛이 사방을 어지럽게 날아다녔다. 빛은 잠시도 한자리에 머물지 못하고 왔다 갔다 했다.

"전 돌아가고 싶어요. 제발 저를 도와주세요!"

준은 빛을 향해 간절하게 외쳤다.

"동굴 문을 열어 달라는 거야?"

"네, 부탁이에요."

"그럴 순 없어. 네가 내 몸에 손을 댄 이상 넌 시험을 치러야만 해. 그렇지 않으면 너를 영영 밖으로 내보낼 수 없어."

빛이 개구쟁이처럼 깔깔거리며 웃었다.

"시험이라는 게 어떤 거죠?"

"소수와 분수가 섞여 있는 계산 문제야. 이 시험은 인간에게 유리할 텐데?"

"어째서요?"

준이 묻자, 토트가 대답했다.

"소수를 처음 만든 건 신이 아니라 인간이었거든!"

"헉, 신이 한발 늦었네요?"

"그래, 신은 인간에게 분수만 가르쳐 주었다. 그런데 인간이 응용력을 발휘해 더 훌륭한 걸 개발해 낸 거지."

준은 어쩐지 뿌듯해지는 듯했다.

지혜의 신이 문득 외쳤다.

"스테빈! 그는 보통 인간보다는 훨씬 지혜로웠어."

소수를 처음 만든 사람은 벨기에의 수학자, 스테빈이라고 토트는 말했다. 그가 소수를 만들기 전까지만 하더라도 사람들은 모든 것을 나눌 때 분수를 이용해야 했다고 한다. 분수는 나누기를 하기에는 편리했지만, 돈을 빌려 준다거나 태양의 높이를 계산한다거나 할 때는 아주 불편한 계산법이었다.

네덜란드에서 군대 경리 부장으로 일하던 스테빈은 돈을 빌려 주고 이자율을 계산하는 일을 했는데, 분수의 계산 때문에 늘 골치가 아팠다.

더 쉬운 방법으로 계산을 할 수는 없을까, 하고 고민하던 스테빈은 분모가 10, 100, 1000……인 분수만 사용하면 계산이 아주 간편해진다는 걸 알아냈다.

"분수를 소수로 바꿔 계산하면 이렇게 쉬운 것을!"

소수의 계산법을 찾아낸 스테빈은 콧노래를 불렀다고 한다.

준은 토트의 이야기를 넋 놓고 들었다.

"딴생각은 그만하는 게 좋을걸. 그럼 문제 나가신다! 저길 봐. 저것은 불타는 연못이야."

지혜의 신은 빛으로 그림 하나를 만들었다.

"둘레는 2.5km이야. 저 연못 둘레에 번개 나무를 심으려고 해. $\frac{1}{5}$km 간격으로 심으려면 몇 그루의 번개 나무가 필요할까?"

준은 손가락으로 바닥에 식을 썼다.

$$2.5 \div \frac{1}{5}$$

준은 마음속으로 차근차근 풀이를 생각했다.

'소수와 분수가 섞여 있는 계산이잖아. 분수와 소수는 서로 다르니까 계산을 할 수 없어. 분수를 소수로 바꾸던지, 소수를 분수로 바꿔서 계산해야 해. 2.5를 분모가 10인 분수로 바꾸면 $\frac{25}{10}$지.'

$$2.5 \div \frac{1}{5} = \frac{25}{10} \div \frac{1}{5} = \frac{25}{\cancel{10}_2} \times \frac{\cancel{5}^1}{1} = \frac{25}{2} = 12\frac{1}{2}$$

"분수로 답을 하지 말고, 소수로 답을 해. 분수는 거리를 재기 어려우니까."

준은 다시 고민에 빠졌다.

'지금은 (소수)÷(분수)로 계산했지만, 이번에는 분수를 소수로 바꾸어 (소수)÷(소수)로 계산해 보자. 그러면 소수의 답이 나올 거야. $\frac{1}{5}$을 분모 10인 소수로 바꾸면 0.2지.'

$$2.5 \div \frac{1}{5} = 2.5 \div 0.2 = 12.5$$

암산을 끝낸 준이 외쳤다.

"12.5그루!"

그러자 지혜의 신이 서서히 새의 모습으로 변하더니 긴 주둥이를 흔들었다.

"잘했어. 역시 오시리스의 아들답군."

"그럼 이제 전 나갈 수 있는 건가요?"

"나간다고? 아직 시험이 안 끝났어."

토트가 냉정하게 말했다.

"문제가 더 남았다고요?"

"그래, 두 번째 문제 나간다!"

토트는 동굴 벽에 몸을 부딪쳤다. 그러자 순식간에 불꽃이 가루가 되어 바닥으로 흩어졌다.

준은 눈을 휘둥그레 치켜뜨고, 그 모습을 물끄러미 바라보았다.

바닥으로 흩어진 불꽃 가루는 하나로 합쳐지나 싶더니, 길고 커다란 형체를 이루었다. 그것은 거대한 뱀이었다. 뱀이 입을 쩍 벌리고 혀를 날름거리며 준의 몸을 휘감았다.

"이 뱀의 길이는 $2\frac{3}{5}$m이야. 이 뱀을 0.3m로 잘라 버려야 해. 몇 개로 나눠질까?"

준의 얼굴이 고통으로 일그러졌다.

"숨 막혀요!"

"나도 풀어 주고 싶지만 어쩔 수 없어. 정답을 말해 봐."

$$2\frac{3}{5} \div 0.3$$

'(분수)÷(소수)로 해 보자. 분수를 소수로 바꿔 계산하면 돼. $2\frac{3}{5}$을 소수로 바꾸면 2.6이니까…….'

준은 속으로 암산을 하기 시작했다.

$$2\frac{3}{5} \div 0.3 = 2.6 \div 0.3 = 8.6666666\cdots$$

'나누어떨어지지 않잖아! 으악! 뱀이 더 숨통을 조여 와! 윽, 숨을 못 쉬겠어! 그렇지! 이럴 때에는 소수를 분수로 바꿔 계산하거나, 소수로 나눈 몫을 반올림해서 나타내면 돼.'

$$2\frac{3}{5} \div 0.3$$

'0.3을 분수로 바꾸면 $\frac{3}{10}$이니까.'

$$2\frac{3}{5} \div 0.3 = \frac{13}{5} \div \frac{3}{10} = \frac{13}{\cancel{5}_1} \times \frac{\cancel{10}^2}{3} = \frac{26}{3} = 8\frac{2}{3}$$

"답은 9개예요!"

준이 외쳤다.

그러자 뱀의 몸이 바닥으로 털썩 떨어지더니 9개로 나누어졌다.

"이제 절 내보내 주세요!"

준이 소리치자, 지혜의 신이 바닥으로 스르륵 스며들더니 처음처럼 고인 물이 되었다.

"난 문제를 내는 것까지만 할 수 있어."

"뭐라고요?"

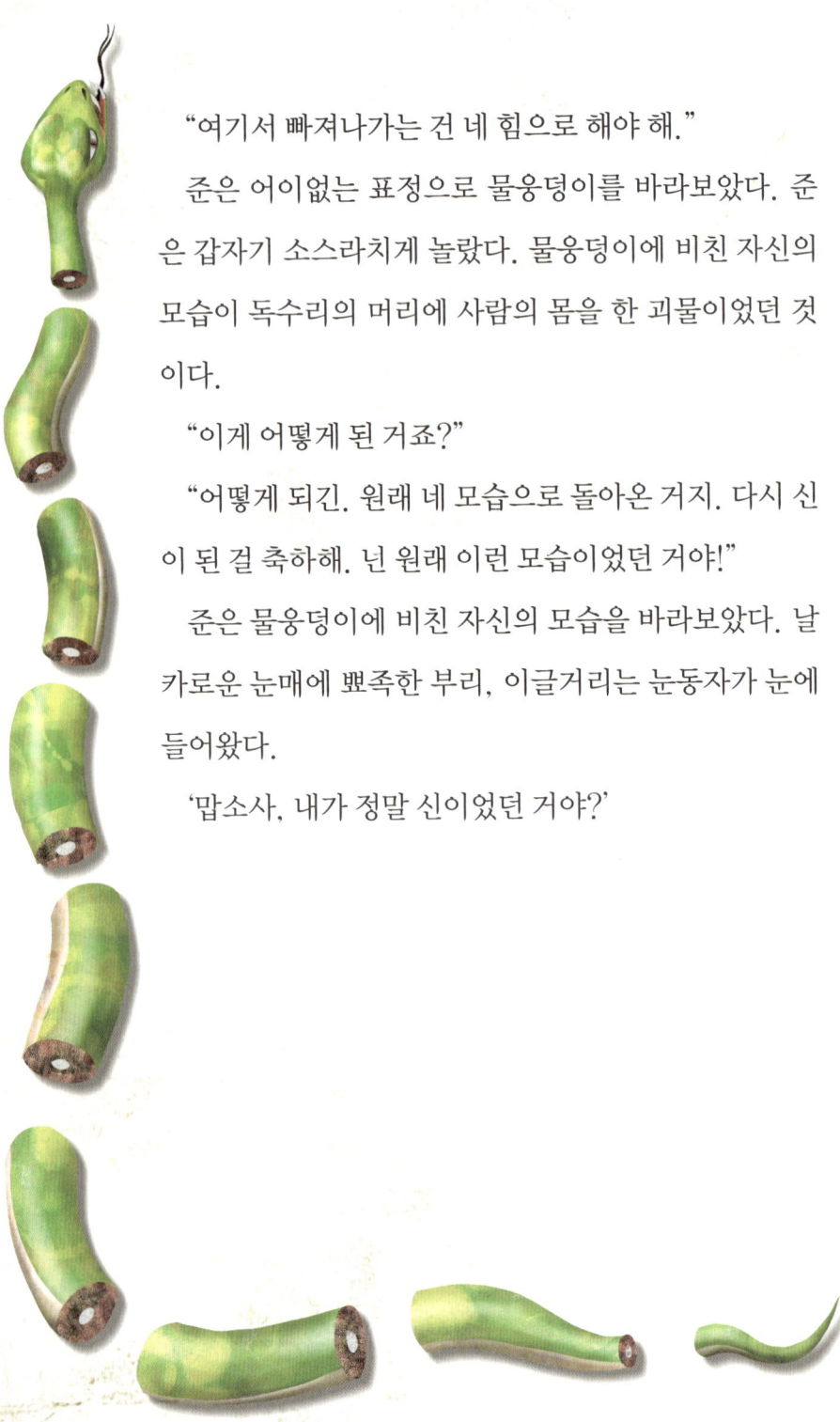

"여기서 빠져나가는 건 네 힘으로 해야 해."

준은 어이없는 표정으로 물웅덩이를 바라보았다. 준은 갑자기 소스라치게 놀랐다. 물웅덩이에 비친 자신의 모습이 독수리의 머리에 사람의 몸을 한 괴물이었던 것이다.

"이게 어떻게 된 거죠?"

"어떻게 되긴. 원래 네 모습으로 돌아온 거지. 다시 신이 된 걸 축하해. 넌 원래 이런 모습이었던 거야!"

준은 물웅덩이에 비친 자신의 모습을 바라보았다. 날카로운 눈매에 뾰족한 부리, 이글거리는 눈동자가 눈에 들어왔다.

'맙소사, 내가 정말 신이었던 거야?'

지혜의 신이 도운 다섯 아이들

지혜의 신 '토트'는 태양의 신인 라의 아내 '누트'를 짝사랑했다.

누트는 정말 예뻐! 저런 늙은 신의 아내인 게 아까워.

정신 차리자! 누트는 신들의 아버지인 라의 아내니까 더 이상 좋아해선 안 돼.

그런데 누트가 '게브'라는 신의 아이를 임신하고 말았다. 화가 난 라는 누트에게 저주를 내렸다.

너는 일 년 열두 달에 속한 어느 날에도 절대로 아이를 낳을 수 없을 것이다.

용서해 주세요!